名师工作室成果文库

潜能是这样开发出来的

QIANNENG SHI ZHEYANG KAIFA CHULAI DE

涂玉霞 著

光明日报出版社

图书在版编目（CIP）数据

潜能是这样开发出来的 / 涂玉霞著 . -- 北京：光明日报出版社，2020.4

（名师工作室成果文库）

ISBN 978 - 7 - 5194 - 5640 - 5

Ⅰ.①潜… Ⅱ.①涂… Ⅲ.①师资培养—研究 Ⅳ.①G451.2

中国版本图书馆 CIP 数据核字（2020）第 036362 号

潜能是这样开发出来的

QIANNENG SHI ZHEYANG KAIFA CHULAI DE

著　　者：涂玉霞		
责任编辑：庄　宁		责任校对：袁家乐
封面设计：中联学林		责任印制：曹　净

出版发行：光明日报出版社

地　　址：北京市西城区永安路 106 号，100050

电　　话：010 - 63139890（咨询），010 - 63131930（邮购）

传　　真：010 - 63131930

网　　址：http://book.gmw.cn

E - mail：zhangning@gmw.cn

法律顾问：北京德恒律师事务所龚柳方律师

印　　刷：三河市华东印刷有限公司

装　　订：三河市华东印刷有限公司

本书如有破损、缺页、装订错误，请与本社联系调换，电话：010 - 63131930

开　　本：170mm×240mm		
字　　数：228 千字	印　　张：15	
版　　次：2020 年 8 月第 1 版	印　　次：2020 年 8 月第 1 次印刷	
书　　号：ISBN 978 - 7 - 5194 - 5640 - 5		
定　　价：65.00 元		

一种充满个性的教育存在

　　我与涂玉霞校长相识在 2018 年教育部名师领航的双选会上，此后因为名师培养工作，有机会与她就小学数学教育以及教育管理等问题进行探讨和交流，每每使我受益匪浅。2019 年 4 月因名师领航工作室授牌活动，我来到她主政的武穴市师范附属小学考察调研，看到了一所校风纯正、教风严谨、学风浓郁、生机盎然的特色品牌学校。老师们潜心教书，精心育人，且多才多艺。学生们朝气蓬勃，昂扬向上，且行为自律。我开始认真研究这样一位兰心蕙质的教育人。

　　涂老师中专出身，而后攻读教育硕士，对教学情有独钟，推出了原汁数学教学法，惠及无数学生。担任武穴师范附小校长后，因校制宜，针对校情、师情和生情，制定了适合学校发展的管理策略，采取了行之有效的拓潜教育，使学校在短期内发生了飞跃性的变化。长期从事小学数学教学与学校管理工作，为她积累了丰富的教育教学与管理经验，也锻造了涂校长始于实践、勤于思考、勇于探索、敢于创新的专业素养。难能可贵的是她多年来一直保持良好的阅读与写作习惯，随时地记录、思考，系统地读书、学习使她保持着广阔的教育视野、敏锐的教育思想与深厚的人文素养，更让她获得了一种自我生长的旺盛生命力。

热爱是最好的老师，也是成就一番事业的基础，正是源于对小学教育的热爱，才促成了《潜能是这样开发出来的》一书。这本书凝聚了近年来涂玉霞校长在教育教学管理实践中积累下来的诸多案例和理性思考。她敏锐地扑捉到了"潜能"这个当前国际教育界高度关注的词汇。"潜能"顾名思义就是潜在的能量，人的大脑分为多个区块，每个智能区块都执行独特的任务，潜能的开发正是利用这些智力区块去激活各种智能并促进其发展。人的潜能是无限的，作为一名校长如何激活调动学生、教师和校长本人的潜能，却是每一所学校面临的难题。涂校长通过赋能来激活教师的潜能，通过为学生发展提供平台来成就学生，通过不断的内省实现自我，在细致入微的洞察中思考教育的本质，使得武穴师范附小成为拓展每一个人潜能的能量场，每一位教师和学生都找到了适合自己成长的方式，最大程度发挥自己的潜能，每一个生命都力争呈现独特的个性与魅力。武穴师范附小也因此成为中国大地上一种充满个性的教育存在。

《潜能是这样开发出来的》这本书中，涂玉霞校长选取儿童为中心的视角，从人本主义出发遴选了大量鲜活的案例，生动的语言，把学生、教师潜能开发这一抽象的教育问题呈献给读者，不仅给我们以理论的启迪与引领，更赠予方法与策略，成为解决我们学校教育现实问题的一把钥匙。夜阑人静，捧读这本书，每每被书中的一个个智慧的故事启发，也被一位校长、一位数学老师对学生、对教师、对学校、对教育的热爱而感动。尚德崇教，滋兰树慧。这就是我们在这本书中读到的教育人——涂玉霞，而此刻的她也正夜以继日地由数学名师、卓越校长向教育思想者跃进，让我们看到了教育的天空，因执着而霞光万丈。

苏争艳

陕西师范大学曲江流饮

2019 年 10 月 24 日

　　苏争艳博士，教育部中小学名师领航工程培养基地陕西师范大学具体负责人，教师干部教育学院副院长，教育部"国培计划"专家库成员。

你的潜能，你的范儿

理想的学校应该是什么样的？在我看来，就是每个人在学校里都可以获得使命感、价值感和幸福感，每个人都能够展示出自己最好的模样！

我坚信每一个孩子都是值得尊重的奇迹，每一个生命都与众不同，别有新姿。我们的教育不能是批量生产，而是要个性发展。我们的课堂不能只是知识灌输，而是要生机勃发。为了给孩子们最适合的教学，我们提倡课堂要"自信自主、有趣有效"，为了给孩子最适合的"营养"，我们开设的课程要"丰富多元、灵动自然"。

我坚信每一位教师都可以实现再成长，优秀的教师必定要成为终身学习者。为此，我们学校成立了阳光教师俱乐部，组建了许多教师社团，如梦之声乐队、高雅阅读馆、兰亭书法社、才子写作坊等，努力让教师幸福而又有诗意的生活。我们还成立了阳光教师研究院，以分层培养、抱团发展的方式，让每一位教师都可以成为教学的草根英雄。

我坚信每一项工作都是人生的一种修炼，积极向上是对待工作应有的姿态。一个人只有在努力使自己升华时才成为真正的人。教育的成功就是帮助每个人成为他自己，把个人的独特性发挥到极致，帮助他实现自己的人生价值，从而为民族、为人类做出自己独特的贡献。

　　每个成功的人生都是自身潜能不断开发的历史，在这个充满爱和智慧的家园里，我们要让所有人都深切感受到：你的潜能，你的范儿！

目 录
CONTENTS

第一辑

01

| 赋能，激活教师 |

当我们说教育是点燃、激活的时候，学校的管理应遵循同样的原则，管理不是限制和惩罚，而是帮助、吸引和开发。学校围绕教师成长，构建管理体系，使之呈现出向上和舒展的生长力——这是一所学校发展的源泉。

——涂玉霞

从心出发，激发教师的生长力

校长们都有一个美好的愿望，希望学校里全部都是师德高尚、业务精湛的教师。但现实很骨感，我们看到不少教师成了以下三种人。

其一，守望族。教学工作不思进取，守着自己的"一亩三分地"，年年同样姿态，教学"涛声依旧"。责任感低。

其二，失望族。认为教师职业辛苦单调，与理想差距太大，业余时间就打打麻将、玩玩游戏混日子。成就感低。

其三，观望族。不热衷学校公益工作，事不关己高高挂起，有活动能靠边就靠边。融入感低。

教师的倦怠、迷茫、消极是影响学校发展的最大阻力。作为校长，我们揪心、痛苦、焦虑！苏霍姆林斯基说过："在人的内心深处，有一种根深蒂固的需要，就是希望自己是一个发现者、研究者、探索者"。马斯洛的需求层次理论告诉我们，人最高的需求就是自我实现的需要。没有哪个人希望自己是一名平庸的人。如何改变？关键在于引导。导师型校长的目标是努力让每位教师成为独特而优秀的自己。我们应该走进教师内心，找出问题症结，帮助教师走出发展困局，成为最好的自己。

设定"底线"，激起教师的发展热情

针对有的教师在工作中不思进取，我们的办法是"加鲶鱼"，让教师跃动起来！

我们的"鲶鱼"就是"评选阳光教师"。阳光教师评选是学校给教师的刚性要求，是底线。

武师附小阳光教师评选办法对教师提出了8项要求。

1. 恪守师德，自觉遵守上级各项规定。

2. 爱岗敬业，服从学校工作安排。每月开会、到岗迟到，早退，忘签次数不超过4次，请事假累计不超过4天。从不无故旷工、旷会。

3. 团结奉献，保持乐观心态。与同事和谐相处，与家长友善沟通，不在网络、公共平台上散发任何消极言论，不在校QQ群内对他人进行指责或人身攻击。乐于参加学校公益活动，不推诿、不敷衍。

4. 智慧教学，不断提高教学技艺。认真参加学校各项教研活动（每月请假不得超过1次）。精心做好备、教、批、辅、改工作，考核在B等以上。教学质量测评合格。每学期至少撰写一篇教学文章，主讲一节研究课。

5. 呵护学生，真切关心每位学生成长。安全第一，生命至上，做好安全防范工作。

6. 终身学习，实现可持续发展。成为阳光教师研究院或阳光教师俱乐部成员，每学期参与活动次数不少于10次，精神滋养，专业提升。

7. 有下列行为之一的，不得参与阳光教师评选：

违规补课的；

向学生和家长推销教辅资料的；

体罚和变相体罚学生，造成恶劣影响的；

因工作疏忽，出现严重安全事故的。

8. 不是阳光教师的不得评优评模。

有人可能会觉得：有的教师根本不在乎能不能评上阳光教师。是的，的确有，但很少。因为，阳光教师评选不同于原来评模范教师，模范教师只有少数人才可以评上，教师觉得无所谓，反正多数人都评不上。而阳光教师标准是底线，大部分人都可以评上，评不上就是不合格的教师，所以教师们会自然而然地争取达标。

创造需求，让教师过有价值的专业生活

乔布斯给人的最大启示是：企业不仅要满足消费者的需求，更要创造需求。学校对教师也是如此，因此，武师附小设立了阳光教师研究院，创造教师的需求，让他们过上一种有价值的专业生活。

提高课堂效率，学生的培优帮差很关键，对于教师成长而言，同样如此。找准教师的最近发展区，分层培养，努力实现青年教师成长最优化，骨干教师成长最快化，教学精英辐射最大化。

"一对一"带动新秀教师

以学习常规、适应教学为主线，学校聘请了35位教学经验丰富的教师为教学导师。每人带一名新秀教师，每周五上午第二节课，新秀教师上汇报课或者由导师上示范课。确定统一时间，便于学校督查，同时也便于其他教师到这些班学习。为了让有经验的教师争当教学导师，我们给了他们三项特权。第一，诚信备课权　教师备简案，然后在书上批画圈点即可，让他们腾出时间帮助年轻教师。第二，学习优先权。教学导师优先外出学习。第三，成果共享权。辅导新秀教师所获得的教学成果，导师也有相应的奖励。35名教师"一对一"个性化培养，使一大批新秀教师迅速成长。

风采教师"亮"出来

以全面发展、培养特色为目标，每个学期每位风采教师至少要讲三

节公开课，参与一项课题研究，当一次学习首席官。通过高压密集的培养方式，促进教学骨干成长。心理学有一种"霍桑效应"，即当人们意识到自己正在被关注或者观察的时候，会刻意改变一些行为或者是言语表达。我们就是要把风采教师"亮"出来，把他们不断推介到分校及帮扶学校的讲台，使他们成为大家关注的焦点，让他们按照"专家"的要求自觉改变自己的课堂和研究状态。

促进名师走向个性化发展

名师是学校最宝贵的资源，如何培养名师，我们采取三大策略。

策略一：推介特色教学，形成个性化高效课堂模式。目前，我们已经推出13种高效课堂模式，实现各美其美、美美与共。张远英是一位46岁的语文教师，她的《小莲藕学作文》在线授课，在全国很有影响力。她敏锐地感觉到信息技术与学科教学深度融合的重要性，提出了"互联网＋作文"的教学理念，改变了传统的作文教学模式。她还开通了微信公众号，定期发布孩子们的作文，受到家长的广泛关注和孩子们的喜欢。

策略二：编印教育文集，培养一批研究型教师。为鼓励教师们不断反思和总结自己的教育教学成果，我们实施了两大保障机制：资金扶持，所有教育文集的编印费由学校负责；强力推介，通过教学质量提升大讲堂和教学导师经验交流会推介骨干教师的教学经验，使这些教师自觉成长。如今，我校已有36位教师编印了自己的教育文集。

策略三：组建工作室，使之成为青年教师成长的"孵化器"，如夏丽娟名班主任工作室，周伶鑫、李珊珊、廖凌燕等7个名师工作室都起到了很好的示范、引领和辐射作用。

人文关怀，让每位教师都感受到爱

业余时间学特长与教育教学有什么关系？有关系，那就是"睡袍效应"。人们在拥有了一件新物品后，往往会不断配置与其相适应的物品，以达到心理上的平衡。当一个人的生活变得文明健康、富有情趣后，精神面貌和自律力都会得到提升，他们会逐渐变成丰富、多元、立体的教师，自觉改善自己的教育教学行为，与"高雅"配套。

如果校长只是一味地要求教师抓教学、抓研究，而不给予其人文关怀，教师是很难实现可持续发展的。因此，2015 年 7 月我当校长做的第一件事，就是组建阳光教师俱乐部。如今绝大部分教师已经参与到12 个社团的活动中了。社团包括"高雅阅读馆""兰亭书法社""写作坊""旋风乒乓球队""动感羽毛球队""青春艺术团""信息达人屋""琵琶班""二胡班""古筝班""葫芦丝班""如意太极门"等。

现在有不少教师自愿参加两至三个社团活动，各个社团都取得了一定的成绩。我们出版的高雅阅读思想录《在读来读往的世界里》，聚集了 67 位教师的智慧，既有阅读达人的哲思，也有共读一本书的品悟，更有通过书法、绘画抒发情感的诗意。

学校有一大批有特长的教师，使艺术教育特色更加鲜明。我们为孩子们开设了琵琶、古筝、二胡、葫芦丝、电子琴、吉他、舞蹈、合唱、围棋、书法、绘画、手工、科技、球类等 87 个潜能开发班，让学生按照兴趣走班选课。阳光教师俱乐部既丰盈了教师的人生，又丰富了学校课程，让学校的艺术教育特色更加鲜明。

"你想成为超级演说家吗？你想成为舞台上最闪亮的 super star 吗？武师附小'阳光教师幸福说'助你梦想成真。"这是我校"阳光教师幸福说"全新真人秀栏目的海报宣传语。为提升例会品质，为教师增加"营养套餐"，每次例会都有一位导师带领 4 名学员进行特色演讲，围绕"真情""互助""美好"等主题，讲述自己的幸福故事，传递正能量，传送好方法，传达新理念。

我们努力把每个节日过得浪漫缤纷，使其成为联系教师情感的纽带。教师节，我站在门口为每一位教师送上鲜花、牛奶，代表美丽和健康；新年到来之际，我为每位教师送上一本书，写上勉励的话语；元旦联欢晚会，让所有教师成为舞台的主角，在诙谐的小品、唯美的舞蹈、动听的歌唱等节目中尽情展示，互道祝福；"三八"妇女节，我们到郊外开展爬山比赛、烧烤活动；"五一"劳动节，全体教职工到希尔寨参加拔河比赛，在力量的比拼中释放压力。

我们附小人用彼此间的呵护、尊重和欣赏，共同营造了一个充满阳光和爱的大家庭。更重要的是，学校对教师的爱，可以转化成教师对学生的爱，实现以爱育爱。

创新管理，让每位教师都成为 CEO

每个人内心都有一种渴望，渴望被欣赏、被关注、被尊重。为何许多教师成为学校的观望者？因为他们感觉不到自己对于一个集体的重要性。我们要通过民主管理和分享提升，亮出每个人的名字，亮出每个人的智慧，让所有教师都成为学校发展中最重要的人，成为学校的 CEO。

金点子公司——学校的发展我有责

如何让教师奉献自己的智慧？我想到了建立金点子公司。所有教师都是这个公司的成员，底薪为 0。但只要你出的金点子，对学校全局或某项工作产生了一定的效能，就可以获得相应的奖励。学校会定期围绕突出问题向教职工征集金点子，教师也可以随时为学校发展提出金点子。

金点子公司为学校解决了许多问题。比如，学校发行的阅读风采币，这是为了提高孩子阅读兴趣、培养阅读习惯的一个点子。学校要成立"武师附小学生成长银行"，让孩子从小学会为自己的智力投资。但具体怎么用？怎么设计？我们把问题抛给了教师。教师王贵红出了好点子：学生可以通过完成阅读任务获得 20 元的阅读风采币，学生的风采币累加为 100 元时，学校会专门设计一种带有学生自己形象的很有纪念价值的百元风采币。只需要家长每天督促，并在高雅阅读单上签字，教师每月为学生发阅读风采币即可。这种独特的风采币刺激了学生的读书需求，学生的阅读兴趣和习惯逐渐养成。

名誉督学——学校的管理我有权

每所学校总有那种事不关己高高挂起的教师，而他们往往是学校管理的边缘人，总觉得领导对他们的要求是挑刺儿，跟他们过不去。如果他们是"领导"，会怎样呢？既然这样，何不让所有的人都成为学校的管理者？于是，我们聘请了 73 位不是班主任也不是领导的教师成为名誉督学。每人在校长办公室上班一天，除自己正常的教育教学工作外，需要再完成三件事：巡视校园一周，检查课堂纪律和卫生情况；记录学校存在的问题，发现好的典型；站在校长角度，为学校发展提出一个合理化方案。学校管理不是要捂住问题，而应该让所有教师参与进来，发现问题，解决问题。

轮流让教师站在校长的位置做管理，有利于增强教师的主人翁意识，实现管理的民主化、开放化和透明化。同时，这对每一位名誉督学也是一次全方位的培训，因为懂得审视他人，才知道如何做更好的自己。

总结分享会：学校的荣誉我有份

我认为，形成向心力一个很重要的举措是要经常分享教师们的教育成果。要让他们感受到学校发展的"蛋糕"里，有你的面、我的糖，饱含着你的创造、他的坎坷、我的辛劳。

所以，工作再怎么忙，期末的时候，我们学校的三级分享会一次都不会少。班主任和教研组长工作分享会，重在分享工作经验；校级领导工作总结分享会，重在分享高效举措并请教师代表进行管理质效评价，以促进学校领导不断改进工作方法，拿出新办法、新举措，让工作更完善；期末总结分享会，重在分享感人的事，这是最隆重、最令人激动的精神大餐，尽量呈现每位教师的笑脸和成绩。在这样的幸福时刻，教师们的归属感油然而生。

怎样使每一个人都感受到自己的重要？其实方法并不是最重要的，重要的是用心去做，从心里感激每一位用心工作、用力工作的人。他们的潜能就会勃发，智慧就会流淌，他们的梦想就会与学校的梦想一起飞翔。

2016 年美国纽约州立大学教授戴耘来到我校，在全国教育行走会上做报告。他说："武师附小能够为教师搭建这么多发展的平台，这在国内外是不多见的。武师附小的魅力，在于处处都能够感受到一股生长力。"

什么是管理？是帮助，是吸引，是影响。什么是成长？是向上，是舒展，是簇拥。我们的管理不需要另起炉灶、翻天覆地，只需要做一些微改变，一样可以带来新面貌、新作风、新思路，关键是我们要懂得，促进教师发展，用薪，更要用"心"。

一切只是为了成林

组建名师工作室的核心意义是什么？这个问题让我想起了油松这种植物。油松即使在土壤贫瘠或多石的地方也极易生长，一旦长成，它就会结出无数的种子。种子随风而飘，会散播到更远的地方，像雨点一样密密地落下来，仿佛是上天在播种一样。工作室的使命就如油松，一切是为了成林，是为了引领更多教师走向优秀，走向卓越，让想干事的人有机会，能干事的人有平台，干成事的人有成就。

为什么要"自讨苦吃"？

2018年11月份，我有幸被湖北省教育厅推荐参加全国首届教师讲坛演讲，向大家推介了我工作室的建设模式。会后，一位海南的林校长跑过来跟我交流："涂校长，你为何在农村设那么多基地学校？你只带自己学校的骨干教师不更好吗？既好出成果，又好管理。毕竟，你作为校长，也是特别忙啊。"

我为何要自讨苦吃？先请大家来看看我工作室的发展模式。工作室成立于2013年，是黄冈市首批名师工作室，2016年，被评为湖北省首批名师工作室。工作室采取的是"1＋36＋N"的抱团成长模式。在武穴市教育局的支持下，我们在农村学校设了18个基地学校，确保每个中心学校至少有一所基地学校。工作室 36 名核心成员一半来自市直学校的骨干教师，一半来自农村基地学校。为了加大帮扶的力度，我们聘请市直学校教师为教学导师，每人带一位基地学校的种子教师，做到"一帮一，一对红"，然后 18 位种子教师又分别去培养自己本校的数学潜能教师，实现"一带 N，N 个亮"。如今，有 600 多位数学教师加入了我们工作室研究协作体。

我为何要自讨苦吃？其实是基于一种双赢思维。一方面，我们附小的老师在引领种子教师时，专家的身份促使他们更快速地成长。同时也是基于我的一颗初心。我也曾经是一名农村学校的学生，我希望尽自己的微薄力量，为农村培养更多的好老师，因为每一个孩子都值得拥有优质教育并因此开启美丽人生。

为此，我们工作室成员一起庄严宣誓：我们是一支有志于推动数学教学发展的团队！我们是一支为乡村薄弱学校提供帮助的团队！我们是一支致力于牵手教师走向卓越的团队！一旦加入，就请热爱！一旦参与，就请专注！

在我看来，成为城乡教师共同成长的"孵化器"，是工作室的责任与担当。

工作室有没有真货？

加入工作室，意味着老师们加了研究任务，添了成长压力。如果工作室没有吸引力，可能会出现轰轰烈烈揭牌，悄无声息落幕的尴尬局面。如何规避这种情况？我认为最重要的是，让老师们觉得工作室有真货，研有所值，来有所获。

我们先一起来玩个游戏吧。我和你轮流在一张方桌子上放一元硬币，每次放 1 枚，不能摞起来放，最后谁不能放谁就输。问：要想赢，是先放还是后放？该如何放？可能大家会考虑到那要看桌子到底能放多少个 1 元硬币，如果是偶数个，那么后放赢。如果是奇数个，一定是先放赢。但有没有办法，可以让我一定能够赢呢？有的！那就是先放，且把硬币放在桌子的中心位置。因为方桌子的面都是对称图形，我先占据了中心后，你无论把硬币放在哪里，我都可以找到一个与中心点对应的位置放下去。它赢的原因，就是因为第一个硬币放在中心后，这样桌子满铺的硬币一定就是奇数个了。

是不是特别烧脑？传统的数学，就是告诉学生中心对称图形的特点，然后学会找对称点。这就是给一把钥匙，让学生开门，是机械运动。而刚才的学习呢，需要学生调动大脑里已有的知识和经验去解决问题，好比是在一串钥匙中找到一把钥匙去开门，是思维活动。数学教师的价值在哪里？在于给学生有趣有用的数学，让思考真正发生，让智慧真正生长，这就是我倡导的"原汁数学"的核心思想。

通过数学的"原型—原委—原本—原则—原味"的五原内涵凸显数学教学的本质。（一）数学原型：生活、经验——思维发展的起点；（二）数学原委：建模、用模——思维发展的过程；（三）数学原本：抽象、转化和推理——思维发展的方法；（四）数学原则：严密有理——思维发展的保障条件；（五）数学原味：规整有趣——思维发展的结果。

以思维发展为核心的"原汁数学"教学理念得到了同行们的高度认可。因此，它成为了我们工作室的主打产品。我们工作室的 logo，凸显了"原汁数学"的特点。每月我们都会选择一所基地学校开展"原汁数学"的研讨活动。每次都有一个小专题，如"原汁数学"的学习素材如何选择？"原汁数学"的思维导图如何设计？教师如何点拨介入？等等。通过"聚焦课堂 + 分层评课 + 专题讲座"的方式，收集教学策略和"原汁数学"案例。

2016 年，原汁数学教学研究获得全国创新成果一等奖。2018 年，我们出版了《100 节让你脑洞大开的原汁数学课》，这本书既有原汁数学完整的课例，又有原汁数学教学的精华点拨，还有好玩的数学游戏，很受同行们的欢迎。我们还编印了学生的研究成果，如《原汁数学故事》《原汁数学日记》《原汁数学史话》等。同年，还被湖北省教育厅推荐参加教育部基础教育成果评选。

我认为，让工作室拥有正确的研究方向，是工作室成员热情不减的秘籍。

专业自觉是如何实现的？

2016 年 3 月，广水市武胜关镇杨家河教学点姚广宏老师因他人推介，申请加入我们的工作室。刚开始，我觉得他不可能每月参加我们的线下活动，所以没有爽快答应。但是这位教师很执着，再三申请，我终于被他的诚心打动，决定通过网络交流的方式互研互学。这两年来，姚老师的研究能力提高很快，仅 2018 年就在国家、省级以上的刊物发表文章达到 30 多篇。我们是怎样想办法促进教师走向专业自觉的呢？

机制一：实施专业九段的积分评价制。我们给每位成员确定了"个十百千万"成长规划，即每位工作室成员需在三年内完成一本个人教育文集，十篇有价值的研究案例，百篇博客，千日阅读，万字教育教学论文。如何完成这些任务？我们借鉴围棋九段的评定思路，确定了专业 9 段的积分评价方式。100 分为 1 段，200 分为 2 段……900 分为 9 段。阅读：阅读教育专著一本为 10 分，在读书分享会上交流一次 10 分。实践：主讲一节研究课为 20 分，讲课获奖，国家、省、市分别为 50、40、30 分。参加一项课题实验 50 分。写作：出个人教育文集，300

分。归纳新课堂，100分。撰写教育博客，每篇5分（200分封顶）。论文、案例获奖，国家、省、市每篇分别为30、20、10分。

机制二：打造"互联网＋原汁数学"平台。我们让工作室进入"互联网＋原汁数学"的展示模式，开展100节原汁数学微课，100节原汁数学直播课。关注度的增加，既让所有的教师在"晒"课的过程中，不断地改进教学，又让全国师生共享了原汁数学的教学成果。

机制三：组建原汁数学送教团队。如何构建城乡学校发展共同体，让更多的学校受益？我们除了派教师支教外，每月还选派工作室成员到联办学校、帮扶学校送课。几年来我们工作室成员先后赴安徽、浙江、海南等地为两万多名教师介绍了原汁数学的教育思想和实践模式。

让每一位成员都成为学习者、引领者、贡献者，是工作室最大的成就。

工作室的深入研究，促进了农村基地学校教学质量的提高，带来了附小教科研工作的蓬勃发展，教师专业水平的大幅度提升。2016、2017年均获全国科研工作先进单位称号。《中国教师报》《中国教师》《湖北教育》等期刊，多次大篇幅介绍我们工作室的经验，全国有35个县市的领导和老师们来校交流学习。

油松的魅力在于它旺盛的生命力、生长力和传播力。工作室主持人，就是油松式的教师，能够乐观地面向未来，能够用激情和诗意去追寻教育理想，能够为了让新时代中国教育更美好，而永不停歇、永不止步。让我们一起努力，共同展现湖北教育人的最美姿态。

让我们一起慢慢变好

携手走在教育的路上，我们拥有共同的愿望。

你希望我越来越优秀，我希望你越来越向上。

你说想送我个浪漫的梦想，属于我们的原汁课堂。

哪怕用许多年才能找到，只要我们努力着就够了。

我能想到最浪漫的事，就是和你一起慢慢变好。

一路上收藏点点滴滴的欢笑，智慧的思想我们慢慢聊。

我能想到最浪漫的事，就是和你一起慢慢变好。

直到我们老得哪儿也去不了，我们依然还是教育里的宝。

——涂玉霞名师工作室室歌

教学"大晒场"，晒出了什么？

M 老师是我们学校的一位语文教师，个人素质不错，就是工作较为随意。

"改作文，要不就批一个'阅'字，要不就是写一句简单的评语，说了他几次，要详改，但仍然我行我素。"教学副校长向我反映 M 老师班上的作业情况。

从心理学的角度分析，人都是有惰性的，趋利避害，不愿意离开自己的舒适区，这是人的本性。或许，M 老师觉得作文没有必要详改，我们去批评他，他不见得服气，忙着给他"扣帽子"，只会适得其反。

我想到了近几年全国举办的教育创新成果博览会，1000 多项成果一展示，不用官方评价，一看各个展区围着的人数，基本上就知道成果受欢迎程度了。

展示就是最好的评价。就这样，武师附小一年一次的教学"大晒场"应运而生了。

在大晒场开放的时间里，全体教师们把自己的备课、作业放在风雨操场的乒乓球台上，每个班级一个展区，供师生们和部分家长来翻阅。我们还给每位家长发上一张点赞表，请他们至少为 10 位老师点赞，并写上点赞理由。

在这样的展示活动中，家长们容易产生同理心，了解到教师们工作的艰辛和不易，给了教师们很多的鼓励和肯定。更重要的是，这种高"曝光率"，促使教师们重新定位了教学常规工作，不再只是停留在完成任务层面，而是想方设法，让工作更富有成效，因为每个人都很在乎众人的评价。我们也欣喜地看到，每次教学"大晒场"活动结束后，像"分层练习""积分评价""金牌作业""集智备课""简快作文"等创新成果很快就在全校风靡起来。

M 老师呢，也用上了"作文稿费单"的方式来激发孩子们的写作热情，还得到了不少家长的点赞（好作文一旦被班刊录用，就可以得到 10—50 元的虚拟稿费单）。

教学大晒场，晒出了什么？是态度，是质量，更是智慧。

教学导师的"特权"

学校阳光教师研究院的青蓝工程，为了帮助年轻教师，聘请了35位教学导师，每周五上午第二节课，教学经验不足的潜能教师上汇报课或者由导师上示范课。通过一对一的帮扶，教学新秀很快脱颖而出。确定统一的时间，是为了便于学校督查，同时也便于其他老师到这些班学习。管理易，见效大，使一大批教师迅速成长起来。

但是一些导师带了一两年潜能教师，就不想干了。问起原因，他们坦言道："我自己的事情那么多，哪有时间去管别人？"

都说强扭的瓜不甜，怎么办？那就创造点"特权"，吸引教师争当导师。

经过阳光教师研究院成员的集体讨论，我们决定给导师们三项特权。第一，诚信备课权。导师经验丰富，只需要在书上批画圈点即可，让他们腾出时间引领他人；第二，学习优先权。青蓝工程的教师优先外出结对学习，增进友谊，加强沟通；第三，成果共享权。辅导潜能教师所获得的教学成果，导师也有相应的奖励。

特权政策一出，很多优秀教师纷纷争当导师，确保了导师的高素质和投入时间。每个人都有想要主导生活、延展能力、让生活变得更有意义的深层欲望。所以，当教师"不配合、不主动、不积极"的时候，我们不要一味埋怨，而应该创新机制，做好"加减法"，减少重复低效的工作，增加工作价值。

　　好的管理，就是要让老师们心甘情愿地付出，让他们都觉得：这样干，值！

反串的妙用

3月13日上午第一节课，我们附小本部58位语文教师分赴58个班级听数学教师的课。这是干啥？追求另类、博人眼球？

不，这是一种特别有效的研课方式：反串听课。我们要求听课者评课时，要做到"3·1·4"，即找出讲课老师教学的3个优点，1条建议和4条关于学科教学的新认识。

开展这样的活动是为了去除学科之间的藩篱。语文老师心里常常不平衡，教语文太累了，你看数学老师多轻松啊，不用赶，不用急，每课就练几道题。数学老师似乎也不怎么待见语文教师，即使不用讲，不用练，高分一样能实现。

但反串听课结束后，教语文的李老师说："没想到数学课居然可以上得这么有趣，诗歌、魔术都搬到数学课来了。"教数学的张老师说："今天王老师的作文评讲课，精准独到，这课后要下多少功夫啊！她对学生错误进行归类的方法很值得我借鉴学习。"你看，互通和共享就这样产生了。

为了将反串效应最大化，我们还创生了系列研课活动。教师当学生，由外出赛课的教师，进行模拟课堂教学；跨界讲课，所有的老师上一节非自己学科的课；学生听课，六年级116名学生分到58个班听课……

很多教育问题，是因为方式策略单一、认识片面而产生的。不妨让他跳出来，站在对方的角度去看看、想想，很多问题就迎刃而解了。当我们拥有全方位、多视角、高视野的跨界思维模式时，就能在借智中更好地提升自我，发展学生。

提升专业素养的核武器：能力大闯关

8月24日上午，武师附小艺飞楼6个教室里，180余名教师正在认真地做着试卷。

"后进生不一定样样差，后进生也是学习的主人，也有其特长，请你结合教学实际谈一谈，如何引导后进生发现自身优点，树立学习信心？至少用两种以上教学法。""这个暑假你的专业书籍读得怎么样？请你针对书中印象深刻的一个片段或一个案例，谈谈自己的收获与体会。""你教学中有什么高招与见解，简单说一说。"……为了真正起到以考促学的作用，学校还请来教学顾问，成立了巡视小组对每个考场进行督查。

教师能力大闯关，成为武师附小提升教师专业素养的"核武器"。考试结束后，教学评估团对教师们的答题情况认真批阅，然后进行诊断分析。

学校是学习的乐园，教师是学习的典范。作为管理者，我们不应对教师考试讳莫如深，而应该对教师合理引导，设置特需课程，安排必要的考核，让教师们由被动学到主动学。

我们的能力闯关不仅有书面的测试，还有对教师的普通话、钢笔字、粉笔字、信息技术能力的达标测试。同时，学校还为教师设计了基

础性课程和个性化课程；每学期为每位教师购买了必读书籍和选读书籍；为教师开设了教学大讲堂；创办阳光教师研究院和阳光教师俱乐部；举行"习作教学""班主任兵法""尚美艺术""原汁数学"等沙龙活动。

　　学习型校园的最大特点就是能够把教师从舒适区引到挑战区中去，从而实现整体提升，个性化成长。

当"例会"变成"集思会"后

你若问，老师们讨厌做什么？开会，准是其中一项。所以，领导在台上滔滔不绝，老师们在下面各玩各的手机。

作为校长，看到后，既气愤，又无奈！

有老师给我建议，每次开会的时候，安排专人检查，一定会有大的改观。

整顿会风，强调纪律，有效吗？估计也只是片刻有效，下一刻还原。因为，心是管不住的。我们提倡高效课堂，师生互动，反对灌输式教育。会议，与课堂不是如出一辙吗？

于是，我们决定把教职工例会改为集思会。集思会，顾名思义，集体思考的会议。

会议分为三大环节：阳光教师幸福说、核心问题大家谈、校长眼里好教育。

"阳光教师幸福说"的思考：作为教师，怎样才能获得幸福的人生？每次例会都有一位导师带领四名学员进行特色演讲活动，传递正能量，传送好方法，传达新理念。每一位教师都可以站在舞台的最中央，讲述自己的幸福教育故事。

"核心问题大家谈"的思考：工作质效如何提升？校级领导总结和

安排当前重要工作，并随机抛出焦点问题，请大家发表意见。

"校长眼里好教育"的思考：什么才是我们追求的好教育？我围绕平时随机抓拍到的教育画面和阅读的文章，与大家一起探讨好教育的先进理念和创新实践。

如今，我们的会议变得生动而高效，是因为从需求出发，激发了思考，激活了生长，使之成为了精神大餐。正如夏风老师的舞台教育理论所倡导的那样：人人都是主角，舞台是人人的舞台，台上台下都是主角。

教师的三大纪律八项注意

我参加学校教研活动的时候，常常发现有少数教师姗姗来迟或者听课的时候刷微信。在当前崇尚个性、追求自由的年代里，我们还需不需要强化纪律？

著名文学家梁晓声说文化可以用四句话表达：植根于内心的修养，无需提醒的自觉，以约束为前提的自由，为别人着想的善良。在教师行为缺乏自律的情况下，管理者该怎么办？

三大纪律八项注意是中国人民解放军的优良传统和行动准则，体现了人民军队的本质和宗旨。三大纪律：一、一切行动听指挥；二、不拿群众一针一钱；三、一切缴获要归公。八项注意：一、说话和气；二、买卖公平；三、借东西要还；四、损坏东西要赔；五、不打人骂人；六、不损坏庄稼；七、不调戏妇女；八、不虐待俘虏。

这是细节管理的典型案例。战场上有多少轰轰烈烈的大事啊！但是，小事不做好，大事终成空。有了具体的、简明的、切合实际的要求，才能让人人知晓，个个遵守。

如何让附小的教师真正成为文明之人、文化之人？除了教育教学工作详细的常规要求外，还必须要有最核心、最容易记住的规则要求。为此，我们也提出了"武师附小教职工三大纪律八项注意"。

三大纪律：一、认真备课；二、改好作业；三、积极参加教研。

八项注意：一、开会时不迟到，不早退，不玩手机；二、集会时，不交头接耳；三、不违规补课；四、不加重学生课业负担；五、密切关注学生饮食；六、不在群里发布不当言论；七、同事之间团结协作；八、与家长友善沟通。

附小的三大纪律八项注意，让所有老师都烂熟于心，落实于行。坚持了一个月后，教风、会风、研风果然焕然一新。

笛卡尔说："我只会做两件事。第一，做简单的事情；第二，把复杂的事情变简单。"管理亦是如此。

漂流日记：互助式成长

2016 年，人事聘任的时候，我们附小本部遇到了一件尴尬的事情，56 个班主任岗位，只有 52 位教师申报。为何我们的老师不愿意当班主任？除了工作量大、压力大外，还有一个痛点：老师们普遍认为，现在家长不好打交道，动辄对老师的教育指手画脚，对学校的工作横加干涉，让他们身心俱疲。

作为学校的管理者，唯有直面问题，从根源上去破解难题才行。首先是分，把工作量进行合理分配，让副班主任也能够担当起管理班级的责任来。然后是导，引导班主任走专业化发展之路，为此我们创建了"夏丽娟名班主任工作室"。其实，我们每位教师都要带两个班，一个是学生班，一个是家长班，把家长班的家长们带好了，我们的教育就会事半功倍。

怎么带好家长班？我们创生了很多新举措，"家长漂流日记"就是其中之一。各班家长们轮流在《家长漂流日记本》上写日记，一个家庭每学期写一到两篇。写什么内容呢？有趣的亲子活动、有效的育儿方法、孩子的成长足迹、家长的自我提升、合理的管理意见、真挚的联谊感想，等等。家长们的日记，少则几百字，简短精悍表真情，多则两三千字，洋洋洒洒显智慧，还有老师和其他家长附在文章后的读后感言，犹如纸上的班级大讲堂。

《家长漂流日记》成了一本鲜活的家庭教育教材，家长是分享者、学习者、感恩者。在漂来漂去的日记里，记录的是美好，获得的是智慧，凝聚的是人心。家长们在互助中成长，而消极、抱怨、抵触这些负能量自然而然就越来越少。

2018年暑期，有63位教师主动申请当班主任，其中50岁以上的老师就占了6位。我认为，《家长漂流日记》的隐形功效不可忽视。

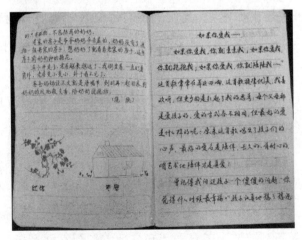

这样的"爆款"，有意义有味道

作为教师，哪个身体部位最容易受伤？嗓子。慢性咽喉炎似乎成了老师的职业专配。特别是低年级的一些女教师，用嗓过度，声音沙哑，让我们心疼。

为了提醒老师们保护好嗓子，多喝水，我们今年特意订制了附小专用杯，发给老师们。不仅有附小的 logo，还有我们的共同愿景——让每个人都成为独特而优秀的自己，同时，我们还给每位老师发了一袋奶粉。

我们要告诉老师们："生活是甜甜的，嗓子要亮亮的，所以，请记住，每天八杯水，健康又美丽。"

一个很普通的杯子，但我们把它赋予附小的文化后，就有了爱的味道，美的境界。有品牌文化的教育才会有凝聚力和生命力。它代表着一种标准，一种姿态，一种气度。

"葛优躺"为何消失了？

前年一个秋日的下午，分管德育的周校长急匆匆地跑来告诉我，胡主任和 M 老师在办公室里吵起来了。起因是 M 老师在办公室里放了一把躺椅，没事就躺在上面休息。年级组长胡主任觉得办公室常有家长、学生进来，老师躺着太不雅观，多次劝她不要这样。但 M 老师依然我行我素，她说："我腰椎不好，上课累了，下课躺一会儿妨碍谁了?!"今早，胡主任准备收走她的躺椅，M 老师大发脾气，并放言：谁要是把她的躺椅拿走，就跟谁没完！

据我了解，其它办公室也有类似情况，如何解决这一矛盾呢？我想到要让老师们"角色反串"。聘请没有担任班主任和领导职务的 70 多位教师为名誉督学，一个学期每位教师在我的办公室里办公一天。他们要在全校进行巡视，并把好典型、存在的问题、给校长提的金点子记录在督学手记本上，说通俗点，就是当代理校长。

10 月 17 日，轮到 M 老师当名誉督学，果不其然，她悄悄收起了自己的躺椅。那天，她在好典型一栏里记录：各个教室里因为有"进步"小盆栽，生机盎然，老师们的办公室也都井然有序……

后来，我们建了一间心灵氧吧，让老师们课余时间可以休憩、喝茶和阅读。"葛优躺"就这样在办公室里彻底消失了。什么是管理？不是强制，不是束缚，而是给予关爱和赋予责任，让每一个人都能学会担当和自律。

家访去！且听教师家属送"祝福"

"致陈少春老师：三尺讲坛彰显风流，一片丹心点亮希望。对孩子的健康成长负责，为学生的幸福人生奠基。成长路上，记载着你的辛勤付出和不辞劳苦，为爱守候，为梦而追。在教师节到来之际，衷心祝愿我的爱人陈少春老师健康美丽，青春无悔。——喻喜志"

这是我们到陈少春老师家中走访中，遇见的一个温馨画面，她的爱人当着我们几位领导的面，拿出提前写好的贺卡，念给我们听。这样的场景在附小 300 多位教师家庭中真情上演。

或许你会感到奇怪，你们在干吗呢，是不是有些矫情啊？

其实，作为校长，我有自己的"小九九"。心理学一致性理论告诉我们，当人们公开表白后，会使自己的行为尽量与语言趋于一致。所以这一招，一箭双雕！既可以拉近我们与家属之间的距离，又可以提高家庭的和睦度。

这是我们学校教师节特别行动之一：爱就大声说出来。教师节前夕，全体学生对最喜爱的老师，表达真挚的谢意；全体教师家属，对爱人送上最真诚的祝福；全体领导，深入教师家中慰问。从而，使所有教师内心升腾出职业的尊严感和价值感。

在这样的活动中，我们看到了一个个家庭的幸福模样，体会到了家属对附小工作的默默支持，感受到了教师对教育事业的坚定和热爱。

倡导好家风，才能形成好校风。

附小点赞卡

早上做完操，看到卫生工朱姐在一丝不苟地擦拭着文化展厅的展板。她主要是负责洗手间的卫生，我留意到只要一有空，她就会把周边的卫生也打扫得干干净净。我走上去，由衷地向她表达谢意。

校园里，每天都发生着许许多多感人的故事，如何把这些画面定格下来，给师生们最好的激励？我想到了点赞卡。写上好榜样的名字和点赞理由，并送上赞美之词：你的美好言行，让我们骄傲！给你一个大大的赞！发现者在下面落款。把点赞卡分给名誉督学和领导们，这样，大家可以随时随地为好典型点赞，并及时校 QQ 和微信在群里分享。

美国心理学家詹姆斯在哈佛大学任教时，班上的女学生在一次聚会上送给他一盆杜鹃花。他深受感动，写了一封答谢信。他说，人性最深刻的原则是渴望得到赏识。

每个被点赞人的点赞卡，积攒到 10 张时，就可以获得一份奖品，这样让激励具有长效机制。

为好榜样发点赞卡，不只是校园生活中的一种小确幸，更是教育过程中的真实体现。

微故事的教育功效

卢梭说，世上最无用的三种教育方式就是讲道理、发脾气和刻意感动。但是故事呢？就好比是把道理变成了巧克力，这种方式很受欢迎。我曾在学校群里发了这样一则微故事。

微故事：送饭

2019 年 4 月 9 日中午

门卫甲：家长不要进校园！

某某 1：我给 J 老师送饭！

某某 2：L 老师叫我进来的！

门卫甲无可奈何，这两人趁机挤了进来。后面一群家长看到，也往里面走。

门卫乙：家长不要进来！

某某 3：凭什么他们可以进去，我不能进？

门卫乙：他们是老师家属。

某某 4：我也是 Y 老师的家属！

某某 5：老师是人，我们的孩子就不是人吗？

一群人不由分说地一窝蜂挤了进来。

启示：师生安全、校园卫生工作该怎样得到保障？必须实现管理一致性，不讲特殊化，因为攀比才是矛盾的根源！我亲爱的老师，如果有人为你或你的学生送饭，请自己或学生到门口领一领。

你们知道效果如何吗？好极了！这之后没有一位教师家属、家长进校园送饭，都是老师和孩子们自己到门口拿饭盒到教室里去吃。

很多时候，现实版的小故事，胜过数百次的说教。

智慧管理周报

从现实情况来看，很少有人喜欢开会，尤其是那种大会，类似于在超级大班上课，效率甚低。但是，学校有很多大大小小的事情需要沟通，需要了解，该怎么办？我们就把教职工的行政例会定为每月一次，然后每个星期一在学校群里发布智慧管理周报。

周报分为五个版块：典型引航、成绩分享、工作安排、特别提醒、校长观点，让管理工作既有实践操作层面的要求，也有思想理念的融通。周报为上传下达、有序部署、统一思想起到了很好的作用，既节约了教师的开会时间，让他们有更多的精力去参加阳光教师研究院和阳光教师俱乐部的活动，又能作为期末对各处室领导工作考核的重要参照标准。作为管理者，我们要懂得做正确的事情比正确地做事更重要。

站在"校长"位置谈管理

有一个比喻非常形象：中层领导是车辆的减震器，上托着学校领导的重负，下承着教师向上的"反作用力"。在中间既要起到缓冲作用，又要起到协调作用。中层领导的管理水平直接影响着学校的教育生态。为提高中层领导管理水平，武师附小在全校行政例会上安排了一个"智慧管理半月谈"特别环节，由14名中层领导轮流主讲，每期一人，旨在打造有思想、有胆识、有谋略、有担当的中层团队。

首次为大家开讲的是教导处主任李珊珊的《饭店效应背后的思考》。李主任从"渔乐乡村"的故事说起。武穴的餐饮业不好做，很多店的生意不温不火，但是"渔乐乡村"是个例外。首先是价格便宜，其次是菜的味道不错，更重要的是，如果去时没有座位，坐在等待区里，服务员会根据等待的时间打折。大约10平方米的地方被围成了一个儿童游乐园，可以在这里陪孩子玩。这种服务精神在顾客心里留下满意、欣喜和感动的种子，在我们离开时服务员还不忘给这颗种子施肥浇水（赠送一两张减免券）。顾客带着满意离开，才会在下次带着亲朋好友再次光顾。这是一个良性循环，服务人员带给了别人快乐，不但为餐馆带来了利益，自己也在这份工作中获得了认同感。

李珊珊说，团队管理什么最重要？价值认同感最重要。现代社会的功利和浮躁，让很多人没有心思沉下来静心思考工作是为了什么。调动工作积极性不外乎两个方面，一是金钱利益驱动，二是精神层面主动，在大环境下，作为管理者，应该尽量思考如何调动老师的工作积极性，让他们爱上这份工作，并且乐此不疲地为这份工作打拼。

我们来看看一些领导们的主讲专题：

三个关键思维下的学校文化（廖凌燕）

怎样做好学校领导经费预算管理（何立莲）

专注小事情，践行大德育（周琴）

让特色更亮，一枝独秀笑春风（徐青）

……

当代教育的整体转型变革，除了要有系统、超前的顶层设计，还需有一系列节点性的力量作为有力支撑，这就是学校中层领导管理成员的领导力。智慧管理半月谈，让中层领导们都能够站在"校长"的位置反思管理工作，这是管理角度的转变，更是管理思维和思想的提升。

热炉原理

有一次，我在学校巡视的时候，发现有两位老师的课堂教学随意，一位老师还拿着手机在翻看文章。在这之前，学校已经三番五次地强调了纪律，为什么他们还是不能够把住课堂底线？

五个手指头都有长短，何况两百多个教师，怎么能奢求所有人都能够自律自觉呢？但是，正如眼里容不得沙子，有些原则性问题我们是不能容忍的。

管理的前提，是找到问题的症结所在。为什么有些老师对课堂没有敬畏之心？因为他们对教育的认识只是停留在教书上，而没有达到育人的层面，不知道抑或是故意装作不知道他课堂中的言行带给孩子们的不良影响。

李希贵校长说，谁都清楚，一个长期没有约束和监督的运行机制必然缺乏活力，甚至偏离轨道，这是十分危险的。要使学校内部体制始终充满活力，就必须根据热炉原理，建立约束机制。热炉原理强调，任何人在任何时候以任何方式触碰"热炉"都会被烫伤。

我们可以设置这些"热炉"：

1. 上课接打电话的解释制度；

2. 体罚学生的反省制度；

3. 教学常规不达标的通报制度；

4. 违规补课、违规购买教辅资料的惩戒制度；

5. 散布不当言论的提醒制度。

根治顽疾，"热炉"的作用是显而易见的。但我们最终希望的是，"热炉"在学校里消失。

为教师开设电影课程

最近有老教师提醒我，学校有不少年轻教师喜欢在网上购物、玩微信，要好好加以管教了。

这个现象我也早就发现了，而且不仅仅是年轻教师，一些中年教师也是如此。会上提醒过几次，但收效不大。

老师是普通人，喜怒哀乐惧，吃喝拉撒睡，样样都有。所以，在这个新媒体时代，他们难免也和大众一样，喜欢与手机亲密接触。

但老师又不仅仅是普通人，还是学生生命的引路人，是终身学习的典范。所以，作为教师，关注的不应该只是柴米油盐酱醋茶，而更应该是能够让生命充实而丰厚的精神食粮。

假期里，我们为老师们开设电影自修课程。电影清单有《放牛班的春天》《垫底辣妹》《地球上的星星》《心灵捕手》《死亡诗社》《叫我第一名》。

看完后，还要进行一次观看交流活动：你最喜欢哪位老师，他对你的教育人生有怎样的启示？现在的你，如何成为更好的教师？

一所真正以人为本的学校，不仅关注教师的校内工作状态，同时还会关心教师八小时外的生活质量。

著名电影导演乔治·卢卡斯说：永远记住，你关注的东西决定了你在现实里的样子。我深以为然。

第二辑

02

| 搭台，成就学生 |

学校应该成为潜能开发场，激活潜能，绽放天性，伸展智慧，缔造一种无愧于学生本性的幸福完整的生活，让每一个人成为独特而优秀的自己。

——涂玉霞

好教育应是"每个人"的教育

从教 26 年，有一个问题在我的大脑里挥之不去：好教育到底是什么样的？基于自己的教育实践，我阅读了数百位教育名家的专著，经过分析、融合、厘清和抽离，发现他们教育主张中最大的"公约数"就是"每个人"。是的，好教育应是"每个人"的教育。

每个人都相同

这不仅仅是与几千名学生交往过程中的一种觉察，更是对伟大教育家孔子"有教无类"教育思想的一种彻悟。相信每个学生都渴望被点燃，渴望被唤醒，渴望得到爱和尊重，这才是教育的基点。

因此，我们要让每个人"看得见""被需要""在成长"。我们学校在尚美空间墙面上，做了一个大大的笑脸墙，呈现几百名学生的笑脸。六年里，每位学生的笑脸都可以上墙，它成为学校最美的风景。我们几乎舍弃了所有的墙面"精"装饰，而是通过书画雅园、书法长廊、书画展厅、每日一书、开放空间、涂鸦园、剪纸园地、手工坊、好书推荐等区域，展示每位学生各式各样的生动、朴素、原生态的作品。

我觉得，校园的顶尖魅力在于：每个学生都能找到那个向上、向美、向善的自己。

每个人都不同

美国心理学家加德纳的多元智能理论告诉我们，每个人有自己的优势智能，只要发现每个学生的优势智能，依据学生的智力结构和优势智能进行教育，每个人都能成为杰出人才。审视我们的教育现状，会惊讶地发现：一样的课程，一样的课堂，一样的评价，我们不是在让不同变得更加不同，而是在努力让不同变成相同。

所以，我们需要去发现、去开发、去激活。我们学校开设的 87 个潜能开发班，就是在努力给所有学生的潜能开发提供可能。陶艺、绘画、书法、二胡、葫芦丝、小提琴、围棋、篮球、主持等，应有尽有，总有一款适合你。每天一节课，小学 6 年 1000 课时，以课程的方式确保"营养"到位。

让小草长成最好的小草，让乔木长成最好的乔木，才是"有未来、有远方"教育的重要标准。

每个人都认同

方向错了，前进就是倒退。

我们除了让学生感受到爱和尊重，获得应有的本领，还需要给他们什么？人生的指南针！这个指南针，就是社会主义核心价值观：通过善良和努力，达到与自我的和谐相处，与社会的和谐相处，与自然的和谐相处。

但请记住，喋喋不休的说教毫无益处。我们应该这样去做：活成学生崇拜的样子，然后和他们在一起去浸润、去体验、去点化，让一颗颗高贵的种子破土而出，奋力生长。比如学校实施的高雅阅读，通过泛读120 本中外名著，诵读 120 首经典诗词，精读 1200 篇优质文章，为学生打下坚实的精神基础。又如，坚持开展"十元钱·千分爱"活动，让学生用细微的行动传播善良，传递美德，学会爱的能力。

当我们看到每个人都能成为独特而优秀的自己，看到人人有潜能，天天在进步，个个能成才，那么我们"每个人"的教育就真正结出了硕果。

这就是我所追求的拓潜教育。

给德育一个清新版本："玩"中悟

友好君，你经历过的德育是怎么样的？

耳提面命？循循善诱？批评指责？演讲报告……

My god，能否换一种形式，年年岁岁花相似，真的有效吗？

何不增加点同理心，想想，孩子们喜欢什么样的德育？

要知道，人一高兴，可以多多地分泌多巴胺，教育的效果是事半功倍的。我们何不将德育来个升级版："玩"中悟？

No. 1——天天"好戏看过来"

教育应该在无形中、点滴处。每天课前或者课中我喜欢跟孩子们玩个小游戏，不但可以活跃气氛、集中注意力，还可以将德育浸润其中。

如：增进同学友谊的游戏。

小蜜蜂：所有学生全体起立，双手侧平举，左手掌心朝下，右手握拳，食指竖起来顶着右边同学的左手，跟着老师一起念："一只小蜜蜂啊，飞到花丛中啊，飞到东，飞到西，嗡嗡嗡，嗡嗡嗡。"重复念几遍后，老师突然喊停，同学们迅速用自己左手抓左边同学的右手，还要把自己右手逃脱出来，尽量不要让别人抓到。被抓到的同学，要学小蜜蜂飞的样子在原地转 5 圈。游戏通过肢体的接触，增加了同学间的亲密度，学生超级喜欢。

又如：培养团队精神的游戏。

抱团打天下：选20名学生到讲台前来，老师说出数字几，几位同学就抱成一团。比如，说6，6个同学抱成一团的，就是胜利者，继续留下来玩游戏。如果一团人数超过6或者少于6，就是失败团，和没有抱团的同学一起根据老师的要求表演一种小动物的动作，然后回到座位上。这个游戏让学生们懂得，团队发展，要达成共识，有时候要有牺牲小我的精神。

需要注意的是，每次游戏活动尽量不要超过五分钟，不能喧宾夺主，哗众取宠。只要能活跃气氛，得到启迪即可。

No. 2——周周"童心在闪耀"

我们会在周五的队会课上安排一项特色体验活动：童心在闪耀。每周由一支小队负责策划、组织，时间十分钟左右，要求能让同学们在互动中受到启发。

如：撕纸游戏（千姿百态与一模一样）。

游戏步骤：

第一次游戏：给每个人发一张A4纸（确保每个人的纸一样大小即可）。（1）请大家闭上眼睛。（2）游戏的全过程不许提问题。（3）按照主持人口中叙述的动作进行操作，首先，把纸对折，第二次对折，第三次对折，然后把右上角撕下来，把纸转180度，再把左上角也撕下来。（4）请大家睁开眼睛，把纸打开。请每个人展示自己撕的纸（会出现不同的图案）。

第二次游戏：主持人给每个人再发一张A4纸，重复相同的指令，再做一遍上次的游戏。唯一不同的是，这次参与者睁开眼睛并且可以提出问题。请每个人再展示自己撕的纸，相互交流游戏经验。

相关讨论：1. 第一次游戏，大家接受的指令是一样的，为什么会有这么多不同的结果？2. 完成第二次游戏之后的结果为什么几乎都是一样的？反馈在游戏中起到了什么作用？3. 通过这个游戏，你有什么样的感悟？

我们要求每次"童心在闪耀"活动必须要有一个鲜明的主题，让学生在体验中深刻理解，转化成行为。比如撕纸游戏的主题是：因为沟通，所以齐心。让学生明白交流沟通是人与人交往的基础，沟通就是信息发送与接收的行为。很多时候，沟通不当或缺少沟通会导致误传或误解，同学之间应该要多些交流和理解。

No. 3——月月有"合作向前冲"

一般老师对学生的这三种坏习惯都难以容忍：不按时完成作业，不讲卫生，不遵守课堂纪律。这都是缺乏自律的表现，怎样处理？常规方法有：1. 惩罚学生。如孤立法、讽刺法、曝光法、以毒攻毒法等。2. 给家长打电话，双管齐下法。3. 耐心讲道理，感化法。这些法子我都用过。有用吗？有用。但是一时有用，过不了几天，又打回原形。我想到了现在的网络游戏，为何如此多的人乐此不疲？不仅因为好玩，还源于游戏有积分，人们在不断升级中获得了成就感。因此，我想到了把学生的习惯养成也进行积分评价。

在教室的前面贴上一张很大的板纸，上面的标题是"合作向前冲"，然后把学生分为八个组，小组以组长名字命名。每月先给每个组奖励 10000 分，再根据学生的这三大习惯进行相关考核。一次优秀作业奖励 500 分（学生的每次作业都是积分评价，一月评一次，积分在前 20 名的同学获得优秀作业等次）。一次作业没有做扣 500 分，迟交一次扣 200 分（有免做作业单除外），打架骂人一次扣 500 分，乱扔一次垃圾扣 200 分。

每月结束后，评选金牌组（前 3 名）和合格组（10000 分以上的），低于 10000 分为不合格组，并给各组发绩效工资。它是一种虚拟的工资单，可以用来购买班级图书。工资等级分别为金牌 100 元、合格组 50 元，不合格组 0 元。

每月安排一节课为"合作向前冲"的自由活动。金牌组同学跟老师到操场玩游戏或到大会议室看电影，其他组在教室里做作业。合作向前冲实施一个月后，几乎不再有不合格组，因为把个人置于集体评价中后，孩子们会努力改掉自己的坏习惯，为自己的组"保"分。好玩的积分评价，让学生真正做到了今日事今日毕，懂得了有自律才自由。

作为教育者，我们不希望把篮子装满，而是希望把灯点亮。把游戏引进德育来，就是用"乐趣"唤醒每个学生向上的愿望，用"体验"激发他们对真善美的追求，使德育真正能够深入人心。

"好习惯养成"积分卡

三（9）班饶炘玥的奶奶是武穴市教科院小学英语教研员，她对孙女在家总不好好吃饭，感到很头疼，找到我说："涂校长，有没有什么法子，让这个家伙不挑食。她吃不好饭，弄得全家都吃不好。"饶炘玥是一个聪慧的女孩，是大家公认的好学生，会唱歌、能舞蹈、善演讲，但饮食习惯不好，也会让家长焦虑。

像饶炘玥这样的学生比比皆是。叶圣陶先生说，教育的目的就是培养习惯。如何通过合适的方式，让孩子们养成好习惯呢？我们决定选用他们喜欢的积分奖励方式，为每个孩子设计一张个性化的"好习惯养成"记录卡，由班主任、家长和学生共同填写。

好习惯的提出要符合三个条件：

1. 小。是一些小习惯，不太难，像跳一跳就可以摘到桃子的这类习惯。

2. 准。针对同学们特别需要改掉的一些小缺点提出的好习惯。

3. 短。表述尽量简短，容易记住，三个好习惯不能重复。

老师、家长和学生各提出一个希望他养成的好习惯，每个好习惯每月坚持下来，可得积分100分，每月进行一次考核。为什么要以一个学期为单位？因为行为理论研究表明，要真正养成一个好习惯必须坚持重复100 天以上，而不是 21 天，要经过"刻意、不自然；刻意、自然；不刻意、自然"三个阶段。可以说，不能持久就养成不了好习惯。

期末时，老师根据同学们的积分来评选"毅力少年"。因为全方位地关注、积极地引导、长期地激励，学生的自我约束力越来越强，像饶炘玥同学挑食的坏习惯，也早就改掉了。

教师的幸福，就是和一群不完美的学生走在变得完美的路上。

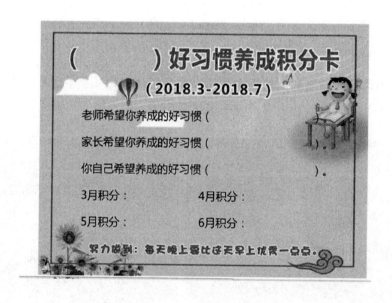

每班一台戏

以往每年"六一"儿童节，我们学校都会举行大型的文艺展演活动，节目个个精彩纷呈，但台下的小观众们却似乎并不领情，交头接耳，跑来跑去。

为何如此？是我们急功近利的思想在作怪，把儿童节过成了少数艺术苗子的节日，而让大多数孩子成了旁观者。

发现问题后，我们进行了变革，把"六一"庆祝活动分两个层次进行。5月底，全校一台戏，在报告厅举行文艺展演，电视台录制，孩子们在教室里收看节目。6月1日，每班一台戏，以各班为单位开展庆祝活动，活动形式不限，但有一条硬性规定：所有的学生都要进行展示。并且，我们还邀请家长们来参加活动，聘请他们为评委、摄影师和记者，让每一台戏在班级群、公众号等自媒体平台上得到充分的推介。

如今，我们把"每班一台戏"的理念移植到了学校的各项活动中。例如，每周一升旗仪式前，我们安排了国旗班才艺秀，该班所有的学生都要参加表演，国旗班全校轮换。还有故事大王赛、合唱欢乐颂等，尽可能地让所有学生都参与。

我们举办"每班一台戏"这类活动，是想传递给老师们这样一个理念：教育需要关照到每个孩子，教育的舞台上，每个孩子都是主角！

"进步" 小盆栽

上个学期，为了美化环境，净化空气，学校给每个班添置了十几盆小盆栽。一时间，教室里生机盎然，令师生们赏心悦目。但好景不长，大部分盆栽因为无人问津，最终以蔫巴巴的样子惨淡收场。

如何使这些小盆栽焕发生机，让它的主人在乎它的生命？我想到了要给盆栽赋予荣誉和使命的含义，提倡各班开展评选"进步之星"的活动。每半月由各班同学投票选出十位进步之星（德智体美劳的某一个侧重点），进步之星可以自愿从家里带来小盆栽，贴上名字，摆放在教室里。如果小植物没养护好，走向"枯败"，就请学生带回家。活动开展后，为了让自己的小盆栽能够以"新鲜状"常驻教室，孩子们成了辛勤的园丁，定期为植物浇水。双休日，他们担心盆栽在紧闭的教室里缺少"营养"而被闷坏，还把小盆栽搬到教室走廊"透气"。

写有名字的"进步"小盆栽，既是对教室环境的美化，又是对学生成长的激励，更是对植物生命的关切，可谓一石三鸟也。

思路一改天地宽。如今，我们的教室，从门口到讲台，从窗台到书柜，到处都是太阳花、绿萝、吊兰、仙人球、紫茉莉等小植物。"花园教室"的模样尽在眼前。

美，就是这样形成的；教育，就是这样发生的。

数学故事的魅力

我们学校每年都会举行数学故事比赛活动。因为故事可以让数学变得有血有肉，以生动鲜活的方式进入学生的大脑里，从而激发思考的兴趣。比如说，下面这个数学故事：

17世纪的一天，法国商人保罗与著名的赌徒梅尔赌钱。他们事先每人拿出6枚金币，然后玩骰子，约定谁先胜了三局谁就得到12枚金币。比赛开始后，保罗胜了一局，梅尔胜了两局，这时一件意外的事中断了他们的赌博，于是他们商量这12枚应怎样合理地分配。保罗认为，根据胜的局数，他自己应得总数的1/3，即4枚金币，梅尔应得总数的2/3，即8枚金币。但精通赌博的梅尔认为他赢的可能性大，所以他应该得到全部赌金。于是，他们请求数学家帕斯卡评判。帕斯卡又求教于数学家费马。他们一致的裁决是：保罗应分3枚金币，梅尔应分9枚金币。

费马是这样考虑的，如果再玩两局，会出现四种可能的结果：①梅尔胜，保罗胜；②保罗胜，梅尔胜；③梅尔胜，梅尔胜；④保罗胜，保罗胜。加上前面保罗胜一局，梅尔胜两局，综合来看其中前三种结果都是梅尔取胜，只有第四种结果才是保罗取胜。所以，梅尔取胜的概率为3/4，保罗取胜的概率为1/4。因此，梅尔应得9枚硬币，而保罗应得3

枚硬币。

你看，一个小小的故事，既让学生知道了概率的来历，同时，增加了对数学历史的了解，更重要的是，知道了如何全面深度地思考问题。

苏霍姆林斯基曾为他的学生们编写了《给思想不集中的儿童的习题集》，里面全部是数学故事，改变了数学在学生心目中冷冰冰，枯燥、无味的印象。我们工作室准备利用三年时间收集 1000 个数学故事，编印成册，让更多的孩子们受益。我认为，故事是最适合激活儿童大脑的学习材料。

爱要"晒"出来

教育是两个世界的相遇，需要彼此沟通，真诚对话。

但是，我们学校学生集会一周才一次，怎样把我们的理念、我们的温情、我们的爱意更好地传递给孩子们呢？于是，我们在学校门口挂了一个"今天，老师想对你说"的提醒牌。

老师们结合当天的实际，在提醒牌上写几句孩子们能够看得懂的朴实话语，给他们一些充满温情的关怀和善意的提醒，使每位学生在进入校门的第一刻就能看得到。比如，5 月 5 日，实行新的作息时间表了。我提醒孩子们：从今天开始，大家可以美美地享受午睡了，你能够为自己和他人，保持安静吗？我相信，你会的！睡好觉可以让我们大脑变得更聪明哦！又如，天气骤冷，提醒孩子们要喝热水，多穿点衣服；4月28日，世界安全日，告诉孩子们安全小常识；9月19日，我们附小的好朋友日，建议孩子们给好朋友送张贺卡，并且结交一位新朋友。为了让所有教师都来关注孩子们，我们每天安排不同的老师来写提醒牌，让呈现的内容更多元化。

提醒牌所蕴含的教育力量是空洞的说教所不能及的，微小的举措也可以产生很大的教育效应。

毕业生回校找到"自己"

中午休息的时候，郭琼玉老师发来了一张截图，是她跟家长们的聊天记录，饶子冲的妈妈建议学校建一个毕业生图书馆。她的这条建议源于我们学校给毕业生的倡议书，希望孩子们留下三个一：每人送给学弟学妹们一本自己最喜欢的书，在扉页上写上赠言；每人留下一张小学阶段最满意的试卷；每班留下一张最有特点的合影，并在反面写上师生的名字。

我们的目的，是希望孩子毕业后，无论什么时候来到学校，都可以找到"自己"。

饶子冲妈妈的建议提醒了我们，要让这些物品获得更好的留存价值和纪念意义，存放的位置很重要。但学校面积狭小，教室和功能室全部

占满了，外墙也到处都是孩子们的书画作品和阅读小报，几乎无处可放。

我们不如改变思路，分类存放。把孩子们的合影放大，贴在一楼羽毛球馆的墙面上。毕业生来校时，第一时间就可以发现自己；把孩子们赠送的书放在室外的书吧上，并且予以冠名。如，2019 届毕业生书吧，学弟学妹们直接受益，毕业生也可以找到自己当年赠送的书；把毕业生的试卷放在档案室里，用于研究。

想让学校和毕业生之间拥有一条永不断裂的情感纽带，我们需要一个开放的场合，来表达对他们的尊重和留恋。

5 分钟的国旗班才艺秀

　　每周一的升旗仪式上，我们会安排国旗班进行 5 分钟的才艺秀。有老师反对，升国旗是很严肃的事情，弄个才艺秀是不是有些不妥？

　　什么是爱国？做最好的自己，就是最好的爱国，这是既重要又神圣的事情。才艺秀会给孩子们带来什么样的影响呢？可以让每个孩子在小学六年里至少可以在学校的大舞台上表演四次节目。离开小学若干年后，课堂上老师讲了什么，或许不记得，但站在台上，他展示过什么，应该会留下深刻的印象。

　　我们不在乎教育形式，但我们一定会在乎教育对孩子未来的影响。

心愿墙

学校跟隔壁的商住楼东盛大厦一墙之隔，中间有个为消防通道而设的破铁门，非紧急情况不可打开。有老师建议，花钱把它换成一个好看一点的门。但是，无论怎么换，这始终就是一个门，跟学校的文化及旁边的艺术墙格格不入。怎么办？能不能找一个既省钱，又有意义的美化方式？在学校 QQ 群里面，我们广泛征集了老师们的创意。最后，美术教师廖凌燕的方案得到了大家的一致认可。这扇门铺满了绿色的人造草坪，挂满了孩子们的心愿卡，成了学校的心愿墙（不影响紧急时候开门），墙上展示一行大字：从这儿，抵达远方。

只是换了一种思路，刺眼的破门就成了孩子们心中神圣的心愿墙，让它拥有了诗和远方，拥有了教育的意义。

学校不是花钱堆砌的景观，而是需要教育者用心的地方。

规范管理从"亮出班名"开始

"我们的学生做完课间操,回到教室时,队伍太乱了。"名誉督学王老师在督学手记上一针见血地指出了课间操存在的问题。的确,我们学校学生多,操场小,每次集会结束,站队进班的时候,场面都比较混乱。虽然政教室领导大会小会反复强调,收效却不大。

心理学有一种破窗理论,说的是,一间房子如果窗户破了,没有人去修补,隔不久,其他的窗户也会莫名其妙地被人打破。站队也是如此,当少数学生随意行走后,其他学生也会纷纷仿效。

突破口在哪儿?我想到一年级新生上学的第一周,老师们还不熟悉所有学生的姓名。有的老师会让每位学生做一个名字牌放在桌前,方便随时点名,课堂的纪律就会好许多。学校管理何不借鉴之?亮出班名,既是管理上的务实求真,也是对学生行为的自我约束。围绕"亮出班名",我们想出了诸多创意。

创意一:队伍中的路队牌

每次做课间操,同学们出班、回班的时候,领队的学生要举路队牌,大队部负责检查秩序。不需要苦口婆心地讲道理,一切都变得井然有序了。小小的路队牌分清了你我，使同学们自觉去维护自己班级的形象。

创意二：光荣榜上的合影

为了激励先进，我们学校每周评选出 12 个五星级班级。原来只是在周一升旗仪式上，念念班名就完了，激励效果不佳。而现在，每周一颁奖的时候，我们会请学生代表领取锦旗再合影，并把合影贴在学校门口的光荣榜上，在下面标注五星级班级的班名和班主任名字。同时，我们把合影发到家校联盟群里，使之获得更多的关注。这种方式，对于获奖班级是一种极大的肯定。

创意三：值周栏上的填空题

一些领导这样进行值周总结：上周各班卫生工作较好，纪律一般，安全需要加强，等等。这些空泛的语言，起不到实质性的教育效果。如何增强值周领导工作的责任感，使领导查而有效？我们的方法是在学校门口的黑板上设一个"精致管理"版块，分班级整理、路队、课间操三个栏目，然后请值周领导在方框里填写检查中的优秀和需要努力的班级。这样一来，常规工作的好坏一目了然，在鼓励先进班级的过程中也督促值周校领导履职尽责。

如何实现精细化管理？用心很重要。在规范中，我们适时把班名亮出来，积极向上的精神风貌就会自然显现。

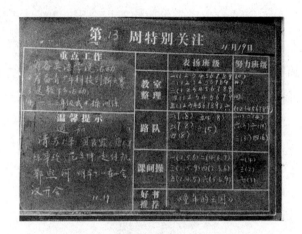

阅读小报迸出无限灵感

学校高雅阅读书吧的墙面上有个宣传栏，主要是收费公示和阅读之星介绍，一个学期换一次，大家都习以为常，没觉得有什么不好的。

2019 年开学的时候，教导室李主任找到我："涂校长，我们可不可以把这个地方换一个面孔？每周展示一个年级学生的阅读小报，让孩子们自己去编辑，去设计，既是阅读成果的展示，又能让更多的孩子参与其中。常换常新，会增加书吧的吸引力。"我当然是求之不得，鼓励她去安排。

孩子们的潜力果然无限大。六年级设计的思维导图让人脑洞大开，整本书的脉络清晰明了；五年级为名著设计个性化的封面；四年级把经典故事以连环画的方式呈现出来；三年级的古诗绘画小报，配上雅致秀丽的团扇，组成了一幅幅设计感十足的作品；二年级给儿童诗配插图，

让诗词浅显易懂，富有韵味；一年级设计了精巧的书签，简单又实用，在书签上写上自己喜欢的名人名言并绘上了插图。

自创的阅读小报，在文字、诗歌、绘画、书法的交融诠释中，在智趣合一的氛围中，激发了学生的阅读兴趣、审美意识和创新精神，阅读的种子根植于每个孩子的心中。高雅阅读栏每周至少可以展示 30 份小报，一年大约可以创作 1000 份小报。坚持三年，所有的学生都可以在这块小天地上展示自己的成果。

我们希望能够创造一种空间语言，它与学校文化一脉相承，并在空气中弥漫与表达。

两栏作业本

如果把家长和老师批评孩子关于学习的词语进行统计的话，"粗心"可能就是出现频率最高的一个词。很多大人除了不停地责怪学生外，似乎已无计可施。如何"去粗留细"？不妨把练习本"大变脸"。

我们将学生的草稿本、课堂练习本合并，设计成如下样式：左侧为练习区，右侧是草稿区，练习和草稿左右一一对应。此种做法在教学实践中有以下优点：第一，端正态度。因为课堂上的练习和草稿教师都要批阅，所以学生注意了草稿的书写质量，计算的正确率明显提高，同时工工整整的计算过程又为学生检查和验算提供了便利；第二，了解思路。教师在批改学生的作业时如发现有错，旁阅草稿就会发现出错的原因，便于教师针对个别学生的学习薄弱点及时讲解纠错，进行因材施教；第三，减少抄袭。对于有些题目，学生的结果虽然正确，但教师阅读学生的草稿时却发现其思考及计算过程是错误的，此时的草稿就能给教师的正确评价提供依据，有效杜绝了学生重结果轻过程、作业互相抄袭现象的发生。

可能有的教师要问，将学生的草稿本、课堂作业本合并，作业本上会不会出现零乱潦草的情况？学生端端正正地打草稿、认认真真地完成课堂练习，会不会影响课堂教学进度？实践证明：学生把草稿、课堂练习看成课堂作业的一部分，书写非常规范工整，由于学生注意了书写质量，刚开始是有影响课堂教学进度情况的发生，但学生在一段时间的训练后，速度自然也跟上来了。

相比叮嘱和提醒，有时一个微不足道的小变革则更容易产生好的教育效应，因为它找到了问题的源头。

当书"失踪"后

有一次，负责尚美空间一楼书吧的刘老师找到我："开放书吧的书接二连三地出现丢失现象，教导室在各班都强调了，书还是在减少，有些学生品行有问题。"

我们学校有 12 个开放书吧，请教师们兼职当管理员，负责书的整理和更换，刘老师是其中之一。我说："你现在有什么好的办法吗？"她说："要不，我们在书吧里放一些旧书。孩子们想看好书，尽量让他们去图书馆看。"我说："办开放书吧的目的，就是希望让孩子们随时随地都可以看到好书。图书馆在六楼，有多少孩子愿意上去看书呢？"她点头表示认可，但不知如何解决这个难题。

　　我建议她在书吧旁贴一条提示语，上面写着：书吧内设摄像头，请把智慧带走，书籍留下。

　　一周过后，她兴冲冲地跑来告诉我，这招有效，书一本都没有少！

　　我清楚，拿走书的并不一定是学生，即使是学生，也不能说是坏孩子。心存侥幸，是人性的弱点。当我们把行为公开化、提醒明确化后，自我约束力自然而然就形成了。

彰显尊重的名字牌

有一天中午，我转到食堂去看看卫生情况。张老师拿着一个桶子在喊："喂，那位师傅，帮我打点汤。"哪位师傅？几位职工扭过头来望着张老师，她不好意思地指着离她最近的一位大姐说："就是你哈。"

这样称呼的确不妥，但这似乎是学校的一种常态。一些职工在学校工作了一辈子，可能师生们都不记得他们叫什么，都是"喂，喂，喂"地喊。

问题出在哪儿？因为我们从来就没有把他们的名字亮出来！幕后英雄一直默默地工作和奉献着，即使开学典礼上，为他们送上鲜花和奖状，但有多少人能记得？这不能不说是我们教育工作的缺失。

下午，我让美术教师廖老师，为学校门卫保安、保洁工、食堂的师傅们，每人设计了一张名字牌，上班的时候别在胸前。

第二天早上到校，夏师傅站在门口，孩子们看到了名字牌，甜甜地喊："夏爷爷，您好！"夏师傅笑了，我的心也暖了。

记住他人的姓名，因为它是语言当中最甜蜜、最重要的声音。

当考察团来了

　　武师附小作为武穴市的一所窗口学校，几乎每周都会有各级领导、教育同仁前来调研或交流，成为我们学校的一种呈现常态，老师们也习以为常，该干嘛就干嘛。

　　只是，谁来陪同参观？原来每次都是领导们自己介绍，但次数过多，就会影响到领导们的管理和教学工作，导致疲于应付。我们何不把这作为一种课程，让更多的师生从中获得成长？一方面让大家更加了解学校，另一方面提升他们的综合素养。

　　为此，我们进行适当改革，每年组建三个接待团。每个团里一位老师，三名学生，由他们负责介绍学校的特色工作、文化建设。

　　学校是开发师生潜能的梦工厂，我们要善于搭建平台，把众多任务变成特色课程，把个别参与变成大家聚力，使师生都成为学校中重要的一分子。

爱心天使的温暖行

　　每年教师节，我们都会请退休的老教师一起聚聚，聊聊家常，叙叙旧。可是，近几年，我校近 80 岁高龄的李国珍老师总是缺席。2015 年，她生了一场大病，开朗乐观的她变得郁郁寡欢，深居简出。

　　9 月 10 日，我们和学校的爱心天使二（1）班宋一萌同学来到了李老师家。为她送上节日的祝福后，宋一萌拉着李老师的手说："奶奶，我想和您一起比赛吹气球。"李老师连连摆手："宝贝，我没有气力，我吹不起来。"宋一萌毫不气馁："奶奶，您一定行。"看着小孩子坚定的眼神，李老师没辙了，只好和她一起吹。

　　第一次吹，失败，第二次吹，还是"小小球"，李老师想放弃了。宋一萌嘟着嘴巴说："奶奶，您是看不起我，不想和我玩。"激将法有效，再吹，哈哈，终于吹起来了！这一下子让李老师信心大增，接连吹起了 4 个。李老师很感动："今天是我这两年来最开心的一天，没想到我也挺能玩的！"

　　宋一萌是我们学校 100 位爱心天使中的一位。我们学校创办了一个小雏鹰诚信服务公司，总经理和员工都是由孩子们自己选出来的学生代表。这个公司每年主要任务就是在全校学生中诚招爱心天使，参加各种温暖行活动。比如到光荣院给爷爷奶奶们表演节目；暑假里，为环卫叔叔阿姨们送去解渴的凉茶；双休日，到贫困的同学家去，陪他们一起做游戏和学习；过年前，为社区的居民们写春联……

　　是的，爱不只是要说出来，更要用智慧的方式做出来。当爱心天使把温暖送给他人的时候，也照亮了自己前行的路。

成长护照

都说家长和老师是孩子成长的双翼，但关键问题是，这双翼的节奏似乎很难达到一致，所以，学生想飞却飞不高。

怎么办？拿出我们的神器：成长护照。

开学的时候，每个孩子都会收到学校发给他们的一份崭新的成长护照，里面有"孩子，我相信你能够做到"版块，是对学生的安全、卫生、学习的基本要求；有"我知道您就是一位魅力家长"版块，是家长的五好标准；还有"家校联系卡"版块，每周一页，分家长陪伴、学生倾诉、教师反馈三大部分，由学生、家长、老师共同填写，对孩子们的生活自理、作业完成、课外阅读情况进行评价。

成长护照，给家长们带来了哪些变化？首先，看孩子的角度变了，不仅是学习方面的，还有生活和心理方面的；其次，对孩子的态度变了，在家长陪伴一栏中，家长会给孩子更多的鼓励和肯定；最后，陪孩子的时间多了，因为他要了解孩子的各方面情况，然后正确评价。

成长护照，其实就是变着法子把家长和老师们连在一起，为孩子的健康成长保驾护航。

到了期末，我们再根据成长护照和平常活动的参与情况，来评选魅力家长。因为没有指标限制，家长们只要达到五好要求，就都可以当选为魅力家长。

家校合力，喊口号是无效的。在天天、月月、年年中，用一个载体（成长护照），建一个标准（魅力家长），携手共进的教育让每一位学生真正获得了成长的力量。

附：我知道，您就是一位魅力家长

做一名有魅力的家长，成为孩子一生最重要的生命导师，是您的理想，也是我们的愿望。争做武师附小魅力家长并不难，只要您愿意做到以下五点，您就可以助力孩子展翅翱翔。来吧！让我们家校合力，托举孩子扬帆远航！

一、做好榜样。家长要注意个人修养，讲卫生、讲道德、讲纪律。家长在有条件的情况下，要树立终身学习意识，爱读书、爱思考、爱实践，以此来影响孩子，塑造高尚品行。每晚督促孩子阅读不少于30分钟。

二、选好环境。给孩子提供良好的学习环境，安静、整洁、优雅。要有专门的书桌和书柜，每年给孩子购买课外书籍应不少于20本。

三、定好规划。根据孩子自身特点，有计划性地培养好习惯和兴趣特长。挖掘优势潜能，积淀成长自信。不要盲目与其他孩子攀比，要让孩子跟自己比。每学期有计划地带孩子参与实践活动或旅行不少于

2 次。

四、用好方法。家庭教育科学有效，家长成员之间保持一致。定期参加家长学校培训活动，每天关注班级 QQ 群，经常与老师、其他家长进行家教心得互动。

五、建好"桥梁"。家长平常积极与老师进行沟通，与教师一起做好孩子教育的黄金搭档。理解并支持学校各项有益活动，每年参加一次学校家长开放日活动，带领孩子参与学校组织的公益劳动或活动不少于2 次。

9.19 好朋友日

9 月 19 日一大早，我就和"唐老鸭聪聪""猪果果"站在学校门口，迎接到校的孩子们，与他们握手、拥抱、合影，浓浓的节日氛围感染了孩子们，一张张笑脸表达了他们内心的惊喜和快乐。

这是什么活动？我们是在庆祝武师附小首个"好朋友日"，9.19，寓意着孩子们的友谊天长地久。

节日的校园就是不一样，处处充满了欢呼声、笑声和歌声，快乐和感动充溢在每一间教室。"介绍我的好朋友""猜猜他（她）是谁""游戏大比拼""给好朋友互送礼物""我想对你说"……精彩纷呈的活动正在展开。孩子们敞开心扉，分享与好朋友的故事；衷心祝福，希望彼此更好的进步；伸出双手，去结交更多的新朋友。在这样充满温情的活动里，尊重、团结、友好悄悄植入了孩子们可贵的童心里。

儿童的成长旅途需要同伴，与同伴相互影响，相互濡染，"好朋友日"的诞生是为了让每一个生命都能够结伴前行！

100 元阅读风采币

　　一次新生家长会，我又谈到了阅读的重要性："读书时代，需要养成的最好习惯，就是坚持阅读的习惯，我们要无限相信书籍的力量……"互动时间，一位家长举手说："涂校长，道理我们都懂，孩子们就是不爱读，又不听我们的，咋办？"

　　记得当时，我随即介绍了学校在推进阅读工作中的具体方法，但看家长的眼神，发现他们仍觉得茫然。会后，这件事引起了我的深思：有没有更好的方法，吸引孩子们去读书呢？

　　我联想到孩子们玩游戏获得积分后的愉悦，大人们往银行存钱的成就感。我们是否可以把阅读变成像玩游戏、存钱一样既有趣又令人心动的事情呢？经过反复思考，我们决定成立武师附小成长银行，发行高雅阅读风采币，让孩子们为自己的智力投资。高雅阅读的内涵是：高贵而斯文地阅读，在心底植入高尚、博雅的种子。每个月，学生只要做到每日阅读半小

时（每天家长在高雅阅读单上签字督促），每月至少读两本书（同学互相抽查），参加班级好书推荐活动一次（每天各班都有 300 秒好书推荐时间），就可以获得 20 元的阅读风采币。等学生的风采币在期末累加到100 元时，可以到学校"成长银行"换取极具有个性的 100 元风采币，上面印有孩子们自己的头像。

我跟孩子们说："坚持阅读的同学，你的头像就可以上阅读风采币。这是在告诉大家，爱阅读的人，也是了不起的人。"

如今，每逢期末时，成长银行就会晒出同学们的"存款"。我们欣喜地看到，爱阅读的孩子越来越多。成长银行也晒出了优惠政策，100元风采币可以到校长办公室换取礼品一份。从阅读风采币发行到现在，还没有谁来领过礼品。悄悄一问，才知孩子们的心思，"风采币上有我的头像，我才舍不得去换东西呢！"

好习惯是如何养成的？需要"投其所好"，用一股吸引力，让恒心和智慧看得见。

学生的金点子公司

每次在教室里和孩子们一起吃饭，总会听到他们的奇思妙想：涂老师，我们能不能把花种在我们教室的墙上？我们可不可以发明一种变形帽子，戴着它，下雨天身上不会淋湿？有没有一种材料，让我们的休闲广场的砖可以变色……孩子的大脑里藏着无穷的宝藏，需要我们来开发。

为此，我们学校的金点子公司不仅面向教师，还面向我们的学生们。学生金点子公司的经理负责每学期集中征集一次金点子，并且邀请学校的科学教师一起评出 30 个金点子奖。特别有创意的，有实用价值的，我们会尽量做出实物，在学校的陈列馆里展示出来。

保护学生的好奇心和求知欲，就需要给他们提供一个"畅想"的通道。

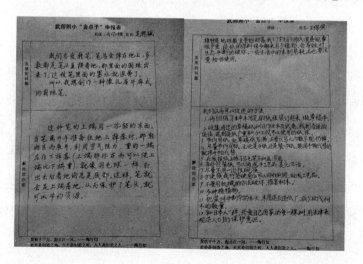

为学生作品赋予使命

2018 年 11 月底，得知我将要参加湖北省第十二次妇女代表大会，六（7）班王子轶同学在手工课刘老师的指导下完成了一幅以"我们都是向阳花"为主题的剪纸作品。剪纸上不仅生动展现了妈妈、阿姨、奶奶这几位美丽的女性形象，还刻了很精致的小字：向湖北省第十二次妇女代表大会献礼。作品一经展示就得到了与会代表一致地赞扬：小小少年，如此心灵手巧，实在难得。

参加 2017 年第十一次党代会时，我也在大会上展示了五年级范熙铖同学的书法作品：我是一颗向日葵，我有一个中国梦。作品透露出了孩子"童心向党、宏志报国"的决心。代表们赞叹："十岁的孩子，能写这样的字，了不起！"

作品成为礼物，用来表达祝福和心愿，已经成了附小艺术课程文化中的一部分。书法社的学生会手写春联送给社区的村民们，孩子们能够自己誊写大型活动的邀请函，学校会把学生们签名的手工作品当奖品发给获得科技创新奖的同学，这让学生们感到无比光荣，其激励作用不言而喻。

好教育要给孩子树立自信。自信该如何树立呢？你要让他有成就感，为他的作品赋予意义，赋予使命。因为教育的激励性，真正重要的不在于你表扬了学生多少次，而在于你是否能用行动向孩子表明：你是我们的骄傲！

让爱穿越时空，6000 名学子给未来儿女写信

最近，受夏风老师的启发，我们在全校开展了一项特别活动，让近 6000 名学生给自己未来的孩子写封信，孩子们兴致很高，家长们被圈粉啦！

我发现，孩子们写这样的信时，大凡有两种情况。一种是代入感，会把爸爸妈妈平常对自己说的话进行再加工。还有一种是转嫁法，把自己内心里最大的梦想和最深切的渴求变成对未来孩子的期待。小小孩子变身为未来的家长时，教育自己的儿女也是头头是道，句句在理。有理性派的，有超萌型的，有教导式的，但不外乎一个"爱"字。

活动产生了巨大的效应。不仅让学生产生了同理心，理解自己父母的不易，更能够让家长和教师从中发现学生真实的心理状态，从而更有针对性的给予关怀和引导。

学校准备把孩子们的这些信保存下来，等二十年后，请他们带着自己的孩子到学校来看看这一封封极其珍贵的信件。不知我们的学生会不会被自己感动得流下热泪。

教育的目的是最大限度地帮助师生唤醒自己、发现自己、成就自己，让学校成为自主生长的生态发展环境。而这一切，离不开教育工作者的果敢行动和深邃思想。唯有沉潜下去，让自己活得充盈而丰富，从容而坚定，才有可能渐渐抵达理想的教育。

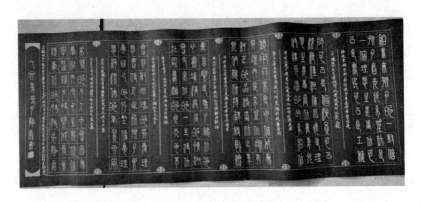

写给未来女儿的信

亲爱的女儿：

我是妈妈，我给你取名小鞠。

我望你和妈妈做朋友，能敞开心扉和妈妈交谈。

我告诉你，妈妈从小就热爱学习，希望你也能像妈妈一样，体验学习中的快乐。我希望你能学习舞蹈，练习形体，你会明白，舞蹈对于一个女孩来说多么有趣。

书法是妈妈最大的爱好，每次参加书法比赛，妈妈总能捧回奖杯，站在领奖台上，那份自豪感真的难以形容。

妈妈希望你是一个品德优秀的孩子。正真、诚信、善良、无私奉献，这些品质在你身上都要有所体现。最重要的，妈妈希望你是一个有理想的孩子，做事有目标，我还希望你爱上阅读，享受阅读的乐趣。

我会常常陪伴在你身边，当一盏指路灯，照亮你成长的道路。

祝你

学业有成

健康快乐

爱你的妈妈：胡玲

带着母校基因的毕业证

上个月，我们在反思学校工作的时候，发现一件一直被我们忽视的事情：这么多年来，我们没有给毕业生发过毕业证。

这不能不说是一种遗憾。可能大家都觉得现在已经普及九年义务教育了，小学毕业证有什么价值呢，何况，大多数小学也没有发。

但是，我觉得毕业证的意义，不仅仅是学习的印记，更应该成为带着母校基因的美好回忆。

为此，我和廖凌燕主任一起设计，印制了这样独一无二的毕业证。上面既有学习证明、师生合影、母校风采，还有校长寄语。

陶行知先生说，真正的教育是心心相印的活动，唯有从心里发出来的，才能达到心的深处。这张承载着童年记忆、母校文化和真情祝福的毕业证，会给孩子未来的路，带来一些温暖。

好朋友签名本

世界上最美的声音，就是在人群中听到有人很愉快地喊出自己的名字。我很佩服有些校长，能够喊出学校里每位学生的名字。这对于我们这所有着 6000 多人的庞大学校，几乎是不可能的。

校长与学生之间，靠什么去沟通？难道就只能靠在主席台上讲话，发奖品，合影来认识校长？不对，校长应该是学生的好朋友，我们应该有主动认识学生的意识和习惯。

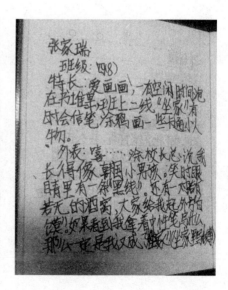

今天，我买了一个小本子，作为我的好朋友签名本，随身带着。接着，我每天会特意认识几位同学，请他们在本子上签上名字，并写上自己的特点，让我能够很快地记住他们。

小小签名本，联结的不仅仅是好感，还有彼此的尊重，以及未来的期许。

请带着梦想车票回家

每年的毕业典礼，我们总是满心欢喜，也是满眼含泪。这种极其复杂的情感，唯独师者懂也。有一次典礼上，我送给六年级学生"成长三问"：你为附小留下了什么？你离开附小，准备带上什么？关于梦想，你记住了什么？

我们送给每个学生一张梦想车票，上面写着出发的时间，出发地"武师附小"，请孩子们写上自己的梦想和梦想之地，以及见证梦想实现的重要人。若干年后，他们可以把梦想车票带给母校做见证。

周星驰电影里有这样一句话，没有梦想，人和咸鱼有什么区别？

你的，我的，每一个人的小梦想，加起来，就是家庭乃至民族的大梦想！

03

第三辑

内省，实现自己

生命没有那么长，但是也不短，关键在于我们如何度过。摒除功利，减少浮躁，一个平和、宁静的自己，就会以坚强而优雅的姿态立在这个世界上。希望自己的每一个日子都是清透的，每一次交流都是真诚的。我需要的就是做好自己，用自己的光亮照耀孩子。如果可以，希望能够温暖到周围的人，这就足够了。

——涂玉霞

每一天都是好日子

生命是用来奖赏的

哪一天不是好日子

所以，请虔诚地爱自己

让每一个日子都充满生长力

要像一棵树

一边向往高处的阳光

一边扎在深深的地底

所以，请真诚地爱他人

让每一个日子都充满共情力

要像一束光

一边汇聚贴心的温暖

一边照亮未来的希冀

所以，请热忱地爱工作

让每一个日子都充满创造力

要像一湾水
一边荡漾灵活的姿态
一边探寻远方的秘密

来吧，朋友们
在新的日子里
带着欢喜和自信
活出生命非凡的意义

你，才是自己的终身导师

从学校毕业时，同学们都朝气蓬勃，书生意气，挥斥方遒。二三十年后再相聚，就会发现：他们有的仍然精神焕发，激情飞扬；有的则老气横秋，心灰意冷，混成了标准的油腻大叔大婶的模样。这就是现实。或许你会说，这有什么，环境不同、际遇不同，成长的轨迹自然也就千差万别。但是，我们不得不承认，最重要的因素是我们自己。

读书时代，有老师管着，你只能一股脑地往前冲。而参加工作后呢？你若是放任自己，你的能力就停在那儿了。如果你还想往前走，就得有人推着你，领着你。这人是谁？就是你自己。因为没有谁可以阻挡你进步，也没有谁可以代替你成长。你，才是自己的终身导师。

那么，问题来了。每个人都有天然的惰性，怎么办？那就为自己办一所学校吧，请自己当终身导师，然后做好三件事。

首先，要为自己设置"特需课程"

2018 年 2 月，我的一篇文章《寒假里，活成理想的自己》被《人民教育》《中国教育报》《中国教师报》等 20 多个微信公众号转载。文中，我晒出了自己的"520"＋"三字经"寒假规划。一些人直接表示质疑，说："这位老师大过年的，安排这么多东西，难道不食人间烟火吗？"还有的说："莫让规划成了鬼话。"

我到底写了啥？请看其中片段。

滋养身心的"520"。5：每天走一万步，打一套太极拳，做一套手指操，练钢琴一刻钟，给家人讲一个有趣的小故事。2：去两座城市旅游，开阔视野。0：零熬夜。

提升素质的"三字经"。读：人物传记类《史蒂夫·乔布斯传》，教育专业类《课堂中的皮格马利翁》《教育的目的》《认知心理学及其启示》，文学类《蒋勋说文学》。背：整理和再次强化背诵《装在图图脑海里的200首诗词》。写：完成《开发师生潜能的50个创意》四分之一撰写任务。

你们觉得我最后完成了吗？说实话，因为寒假里好吃好玩的诱惑太多了，我刚开始也想打退堂鼓。但又想，这不行啊，话都说出去了，没有做到，那不是欺骗众人吗？所以，只好静下心一点点去坚持。正月十三，我终于完成了所有任务，那个快乐劲儿，就好比是登上了"一览众山小"的巍巍泰山。这就是我的狠招儿，每次先把自己的计划高调晒出去，写在博客里，说给同事听，并且请人监督。

古人云：成才多为弱项误。教师的综合素养，跟木桶定律很相似，最短的那块，决定了蓄水的高度。我深知自己有太多的不足，为了补短，每个学期，我都给自己设置特别需要的课程，进行系统学习。

在自己的学校里，我是最虔诚的学员。我的表达从含糊不清到现在的侃侃而谈；我的书法从零起点到作品刊登到《书法报》上；我的学历从中专到教育硕士，等等，都是因为"爱狠交加"的自己。虽然学习很苦，但坚持很酷。

其次，要找到自己的"教育价值"

作为教师，坚持学习只是途径，真正的目的是要成为影响学生的"重要他人"。在很多人眼里，数学老师的存在，就是为了让学生会计算、能刷题、得高分。一位朋友还曾经夸张地对我说："学数学有什么用？这辈子，除了数钱，好像就没有用到过数学。"这话说得，打击一大片啊。数学教师的价值到底在哪里？

我给大家讲一个故事。一天，小王到店里买披萨，他点了一个12寸的披萨，结果服务员说没了，又说："那我给你换两个6寸的披萨吧。"小王一想，$12 = 6 + 6$，没吃亏啊，他就答应了。你们愿不愿意？不愿意？为什么？因为12寸是披萨的直径，面积有36π平方寸，而6寸的披萨面积是9π平方寸，两个才18π。告诉你们，学不好数学，买个饼都要上当。

再和大家探讨一个问题。如果一元硬币放在桌面不动，我把另一枚一元硬币绕它一圈，你认为转动的硬币自转了几圈？有人会说，这还用想吗？两枚硬币周长相等，当然也就是自转一周了。真的吗？我们来看看，转到一半的时候，硬币已经就转了一圈，一共转了两圈，为什么？因为转动的硬币的圆心经过的距离是硬币的周长两倍，因此自转了两圈。你看，生活中有太多的想当然，数学可以帮助我们变得严谨。

这是我和孩子们在学圆的周长和面积的时候，设计的问题情境，是不是特别烧脑。传统的数学课怎么上，画一个圆，告诉学生圆的直径有8厘米，然后求出它的周长和面积。这就是给一把钥匙，让学生开门，是机械运动。而刚才的学习呢，需要学生调动大脑里已有的知识和经验去解决问题，好比是在一串钥匙中找到一把钥匙去开门，是思维活动。数学教师的价值在哪里？给学生有趣有用的数学，让思考真正发生，让智慧真正生长，这也是我倡导的原汁数学的核心思想。原汁数学的"五原"教学内涵和"五入新授课型、四部作业课型、结构化复习课型"的实践范式获得了教学专利，关键是，孩子们越来越喜欢这种原汁原味的数学课堂。

在自己的这所学校里，我是唯一的导师，只有自己潜进去、想明白、弄透彻，才能获得教育智慧之门的敲门砖，"敲开门，唤出其中的人来，此人即是你自己"。

还有，要为自己把握"未来方向"

如果把人生一分为二的话，理想的状态是前半生不犹豫，后半生不后悔。今年我44岁，正在过我的后半生，如何做到不后悔呢？就是要活成大家认可、自己喜欢的模样。怎么做？除了自己成长，还要为成就师生多做点实事。

我的工作室在农村设了18个基地学校。工作室采取的是"1+36+N"的抱团成长模式。36名成员一半来自附小，一半来自农村学校。我们聘请附小的教师为教学导师，每人带一位基地学校的种子教师，做到"一帮一，一对红"，然后种子教师又去培养自己本校的年轻教师，实现"一带N，N个亮"。如今600多位教师加入了原汁数学研究协作体。

有人说我冒傻气，有这样的精力，还不如好好培养自己学校的老师。其实他们不知道，我是有"私心"的，附小的老师在引领种子教师时，专家的身份促使他们更快速地成长；他们不知道，我也是有"野心"的，希望尽自己的微薄力量，为农村培养更多的好老师。因为每一个孩子都值得拥有优质的教育并因此开启美丽人生。

在自己的这所学校里，情怀就是你的讲台，执着就是你的姿态。不后悔，不彷徨，尽力而为，安顿灵魂。

一路走来，感谢自己这位导师，让我明白：好老师要刻意练习，让自己变得优秀；好老师要有独特光芒，让教育变得智慧；好老师要能成就他人，让生命变得高远。所有的成长，他人强迫都是低效的，唯独自我苏醒，自我需要，才能一往无前。

请记住：你，才是自己的终身导师！

不拼的人生哪来真功夫

我读小学五年级的时候，酷爱看武侠小说，并异想天开地希望能练几个绝招，过把英雄瘾。每晚，我都会用手猛插米缸里的大米，把全身的气与力集中到中指和食指上。早上，我把两脚绑上沙袋，直奔家后面的山头，渴望自己能够身轻如燕。我家小妹一直就是我最忠实的"粉丝"，她总是在旁边煽风点火："姐姐厉害，姐姐好棒！"

结果，你们懂的，二指禅没有练成，反而让手指头受损，外部感染，肿成了萝卜头。当然，我也未能飞檐走壁，不过，倒让我成了学校的长跑健将，也是骄傲了一阵子。小时候天真无邪的英雄梦，折射出我的精神特质，我对美好的东西充满了向往，并敢于去尝试，哪怕在他人看来，就是傻冒一个。

或许就是这种执着，工作24年，事业为我展开了笑脸：特级教师、省名师工作室主持人等专业荣誉不期而至；发表教学论文，出版专著，编教材，完成国家、省级教研课题等教学成果纷至沓来。常有老师问我："成为名师有无捷径可寻？"我笑着说："唯一的捷径就是努力，不拼的人生，哪来真功夫！"

好老师，应该为了好课堂而不断塑造自己

练过武术的人都清楚，基本功是修炼之本。犹如基石，打得越扎实越好。好老师，应该为了好课堂而不断塑造自己。

1993 年，我毕业后分到解放小学任教。不到一个月，当时的老校长廖德贵提出要听我的过关课。上课时，望着教室后面一大排听课的老师和领导，我感觉自己慌得快要变形了。大脑眩晕、声音打战、腿部发抖，至今我都不知道自己是如何坚持到最后的。但廖校长似乎天生仁厚，居然对我的课赞赏有加，还说了一句让我终生难忘的话："小涂的课，值得大家学习。"

从那以后我相信：好老师是校长夸出来的。为了不辜负老校长的高看，我跟自己较上了劲。要改变自己在众人面前说话胆怯、含糊不清的毛病，必须要有系统的训练。为此，我订阅了《演讲与口才》杂志，开始有意识地学习名家的演讲技巧。古希腊有一个辩论家德摩斯梯尼，天生口吃，嗓音微弱，为了改进发音，他把小石子含在嘴里朗读，迎着大风和波涛讲话，后来成了伟大的雄辩家。这个故事，让我热血沸腾，决定效仿。我用水果糖代替石子（练习时候有甜蜜的感觉，多好）放在口里，每天对着镜子朗诵文学作品一个小时。但本人天资实在平平，练了一年多，还是未能"滔滔不绝"。不过，学校领导仍然不断把我推向各级讲课、演讲、知识竞赛的舞台，那打战的声音慢慢变得平和而自然。

作为教师，没有一手漂亮的粉笔字，就好比设计师绘出蹩脚的图，硬伤！我的字实在是难登大雅之堂，因为它毫无章法、歪歪扭扭、形状幼稚。我下定决心通过密集苦练，让它"华丽转身"。记得 1994 年暑假，酷热难耐，同事们都是哪里凉快哪里玩去了。而我每天几乎都要花

上四五个小时趴在破旧的写字桌上，瞄着字帖，照葫芦画瓢。幸亏有那个摇摇摆摆的小风扇跟我做伴，才不至于让汗水湿透本子。

9 月开学的时候，领导在全校大会上表扬了我"大门不出，二门不迈"专心练字的"壮举"。此事给我带来了附带效应：从那以后，学校政教主任所有投出去的稿件一律由我亲自誊写再寄出去。据主任说，经我誊写的稿件中稿率高于以往，是不是有我工整字迹的功劳，不得而知。

我清楚，教师最重要的看家本领是备课和上课。为了让自己这位"生"教师赶快长"熟"，我成了"名师模仿秀"。每次备重点课时前，我就在各种期刊上找名师教案。看一节课，想想名师是怎么上的，然后结合自己理解备一节课，接着上这节课。这样经历"学、看、思、备、上"模仿训练，我的课堂渐渐"熟"了。

这个时期，我的专业发展主要就是做两件事：想方设法改掉我的缺点，千方百计提高教学质量。

成为研究型教师，是让我们获得事业价值感的最佳途径

一个拳手如果已经掌握了本门武术套路，就应该主动亮招，不时与同行切磋，不断向高手请教，逐渐提高武艺。教师的成长亦是如此。

这么多年在小学上课，我的教学成绩让同事们羡慕。但是，当教师就是每天上上课，给差生补补课，取得好成绩吗？这样的工作价值在哪里？我迷茫过，苦闷过，我真心不希望自己仅仅就是教书匠。

2005 年 3 月我被选派到湖北省教科所做访问学者。虽然只有短短的半年时间，但一个崭新的世界展现在我面前。从此，我走上了一条饱含艰辛但又蕴藏着无数惊喜的研究之路，也让我养成了两个终身受益的习惯。

第一，自觉写作的习惯。湖北省基础教育首席专家叶平所长给我们访问学者上的第一节课就是让每个人建一个博客，并要求我们经常写反思。他引用了叶澜教授的话："如果一个教师仅仅满足于获得经验而不对经验进行深入的思考，那么即使是有 20 年的教学经验，也许只是一年工作的 20 次重复。除非善于从经验反思中吸取教训，否则就不可能有什么改进。因为优秀教师的成长模式 = 教学过程 + 反思。"这种理念极大地冲击着我的大脑，也就是从那个时候开始，我由原来的随性记录变成了有意识反思。

在工作中，我常常有灵感闪现的瞬间，也有为自己的某一个教学精彩设计而欢欣不已，但是，时间一长，就忘得差不多了。有了博客后，我开始坚持把自己的所感所悟及时地记下来。为了鼓励自己坚持，在开通博客的时候我写了这样一句话："书为心灵添羽翼，勤敲键盘写人生。"我想，当年过花甲之时，翻开自己的博客，细细品味着我现在记下的一点一滴，岂不是人生最大的精神财富？所以，欣欣然中，我随着博客一起成长。

第二，做微课题的习惯。一线教师应该在自己的能力范围之内，研教学之困，探科研之法，做些"为了学校，基于学校，在学校中"的草根研究。"访问学者"学习结束后，我把老师们平常反映的教学困惑、问题梳理成了教学微型课题 100 个。比如：集体备课如何集智，如何调动学生发言的积极性，即时评价如何做到有针对性和实效性，等等。在"专业引领—同伴互助—个人反思"的推进过程中，逐步找到解决问题的策略和方法。

著名教育家苏霍姆林斯基说："人的心灵深处，都有一种根深蒂固的需要，这就是希望自己是一个发现者、研究者、探索者。成为研究型教师，是让我们获得事业价值感的最佳途径。"

对于自己喜欢的事情，做得再多也不会觉得累

经历过历练的好手，虽博采了百家，却难以融为一炉。到了一定阶段，他要参考大量的各门各派的打法，然后在众家的基础上悟出自己得意的东西，经过千锤百炼后，才能自成体系。一位有独到教学风格的教师，必定是经历了模仿、独立再到创新的过程。

我常常问自己："我有自己的路吗？我该如何铺就自己的路呢？"

慢慢地，我摸索到了一条自己想走的路：让学生学真数学，做真思考，也就是原汁数学，即让学生用数学眼光发现问题，把握数学的本质，形成真正的数学素养和能力。引导学生经历生活到数学的对接，在自主、多样化的体验过程中，把生活经验转化为数学经验。

2011年，我在北京师范大学参加湖北省中小学教师卓越工程培训，深入北京朝阳区实验小学、中国人民大学附属小学。了解到当前小学数学最新理念和教学实施模式后，我又确定了原汁数学的内涵：数学原型是生活和经验，数学原委是建模、用模，数学原理在数形之间，数学原本是抽象、转化和推理，数学原则是严密有理。形成了原汁数学的教学模式："五入"新授课的基本模式，"四步"作业课的基本模式，"结构化"复习课的基本模式。

前些日子，有人问我："你现在已小有成就，为何还要如此辛苦地做教学研究呢？"我笑着说："辛苦是相对而言的，对于自己喜欢的事情，做得再多也不会觉得累。这辈子，不论身份如何改变，不论角色如何转移，但我永远是教师，教育教学丢不了。"

生命是用来攀登的，不拼的人生，自己都不会喜欢，所以且行且努力。

坚持天天写故事，给学校带来哪些变化

著名电影导演乔治·卢卡斯说：永远记住，你关注的东西决定了你在现实里的样子。我深以为然。

2015 年，我当上校长后，开始坚持撰写教育故事。一方面，希望通过记录真实的教育生活，让我时刻保持警醒，不要偏离方向；另一方面，也希望让更多的人了解武师附小，理解小学教育。

有人问我：天天写作，你是怎么坚持下来的？

其实这跟刷牙、吃饭是一样的道理，如果你愿意，必定成习惯。边写边悟，让我看到了小故事给学校带来的微变化。

01

三个小故事

2019/6/1

当孩子没有参加表演后

按照学校的要求，"六一"儿童节这天，每班一台戏，每位孩子都要表演。但二（8）班上午活动结束后，温诗娴的妈妈和陈墨的爸爸就发来信息，跟班主任张老师说，孩子一回家就闷闷不乐，原来是因为准备的节目没有表演。

张淑芳老师立刻在班级群里，对"六一"活动进行了全面的总结，并提到了因为时间关系，有两位孩子没有及时表演的事情。她说：谢谢两位家长的信任，当孩子有小情绪的时候，你们不是对老师责备，而是及时沟通。为了每位孩子都能得到茁壮成长，感谢你们对老师的体谅和理解。我们没有表演完的节目会在下次班会课上继续。

张老师坦诚的态度得到了家长的理解。我想，为了避免下次还会出现这样的情况，我们可以做一个小改革，所有节目由抽签决定顺序。如果到了放学时间，节目没有表演完，那么就顺延到其他时间表演，这样家长和孩子们就不会觉得不公平。

如果说，真诚是家校沟通的第一步，那么公平公正就是家校沟通最重要的一步。

2019/6/7

家有儿女要高考

高考日的前一天晚上，工会主席夏丽娟发短信温馨提醒我，是不是该给家中有孩子高考的几位教师发短信，祝福他们孩子高考旗开得胜，心想事成。

真是一位特别细心的主席，跟我的想法不谋而合。发完信息后，我再度思考：我们可不可以对这些群体的关怀更深切一些？

我们每个人的成长都需要仪式感，对于这些高考生而言，尤其如此。他们都是附小毕业的学生，再加上家长是附小的教师，对我们学校的感情非同一般。

我们可以等高考结束后，请他们到学校来聚一聚，举行一个成人礼。为他们送上小礼品，祝福他们长大成人。同时，请他们用自己喜欢的方式，感恩父母和老师，展望美好未来。

这样的成人礼，既简洁又有意义。使教师们看到学校的用心，也让孩子们感受到了母校的关爱。

2019/6/15
学生受伤后

一大早，一名男家长气势汹汹地来到了我的办公室，说他的女儿在风雨操场进行乒乓球训练的时候，鼻子被别的孩子打出血，结果无人问津。他认为，训练老师有责任，因为她女儿被打时，老师不在场；另外，打人的孩子家长也要跟他见个面。我明白他的意思，他只是想要讨个说法。

孩子被打了，作为家长，心里面肯定不是滋味，这我们非常理解。但他单方面地认为，训练老师不在场，我就有些疑惑了。据我了解，这个训练班的李老师，到岗情况非常好。再就是，孩子之间有了一些矛盾冲突，可否采取更好的方式来解决？

为了查明真相，我和家长一起去了乒乓球训练场，李老师正好在那儿。一问，得知李老师昨天并没有私自离开训练场地，同学们都可以证明。不过，孩子打架受伤，他毫不知晓。

另外孩子打架的原因，也很简单，就是这位家长的女儿抢了一名低年级男生的球。小男孩一气之下，把拍子甩了过去，不小心误伤了她的鼻子。孩子都是好孩子，他们互相诚恳地认了错，表示今后不会再犯类似的错误。

事情查明后，家长的情绪明显平和多了，但他还是坚持要见男孩家长。我让李老师跟班主任进行沟通，让对方家长来一趟。男孩家长很通情达理，说因为最近出差了，下周一一定过来见个面。最后，这位男家长对我们的处理方式表示很认可。

通过这件事情，我们需要反思什么呢？第一，任何时候都要记住，偏听则暗，兼听则明；第二，训练老师上课时，要纪律严明，有秩序，有规矩；第三，告诉所有学生，在校受伤后，要第一时间告诉老师；第四，老师知道孩子受伤后，要及时跟家长沟通，避免矛盾扩大。

写下故事的时候，我时常把自己想象成一位老师、家长或者学生，审视整个事件的过程，洞察管理中的疏忽，创造新的情感联结，寻求更好的教育途径。

02
视角不同，关注的是"人"，而非事

作为校长，如果你眼里只有事，就只会关注得失成败，必然带来焦虑和烦躁。但是换个角度，你的所有立场都是关注人的成长，你就会思考：谁有收获？谁在努力？谁需要帮助？那你天然就有了长期性的眼光。这个区别很微妙，但可以让我们驻足欣赏，平和淡定。

这天中午，操场格外热闹，孩子们在奔跑着、欢跳着，尽情玩耍。在休闲广场，三（2）班的饶恒却坐在树围边，津津有味地看书，全然不顾周边的吵闹。当我拿出手机拍下他可爱的样子时，他觉察到了，抬起头很有礼貌地说："涂校长好！"我看了一下书的封面，原来是郑渊洁写的《舒克贝塔传》。"写的是两只小老鼠舒克和贝塔的故事，他们创立了舒克贝塔航空公司，但是海盗总是来捣乱，机智勇敢的舒克和贝塔与海盗做斗争，让小动物们过上了快乐的生活。"见我感兴趣，饶恒热心地向我介绍书中的内容。

想起前晚夏风老师倡议的"3X时光寄语计划"，我忍不住问他："如果现在让你给你未来的儿子写信，你会写些什么呢？"这个话题很有意思，旁边的小伙伴们都笑了。饶恒思考了片刻，说："我会跟他

说，不要怕困难，努力很重要。同时，我希望他长大后当个宇航员。"
"那你自己长大想干什么？""我也是想当宇航员！"书籍对孩子的影响真大，看来舒克和贝塔已经成为他的偶像和成长的动力。

职业习惯使然，我又问他："你喜欢你们班的老师吗？""我喜欢。"他坚定地点点头。"你觉得他们有哪些很突出的优点？""俞老师非常能够理解我们，对我们很温柔。崔老师能找出我们的不足，然后耐心地帮助我们。比如说谁的计算不行，他就会去想办法辅导……"

真是一个三观很正的孩子！在他身上，我看到了好书的价值——点亮未来，理解他人。

我把这个故事发到学校和家长微信群里。三（2）班的两位老师很欣慰，说：没想到学生能这么认可自己，所有的辛苦都值得了。家长们也因为校长喜欢与他们的孩子在一起，而感到踏实。

静静看着师生们成长的样子，用朴实的笔触记录他们的故事，把"真善美"传播出去，我心宁静。

03
温度不同，关注的是"引"，而非管

教育是激励和帮助，要让教育闪耀人性的光芒，我们就要做有温度的教育。如何让教育更有温度？让教师们写故事，是一种很好的方式。正如舞台教育创立者夏风老师所言，其实我们索要的，不仅仅是故事，更重要的是老师与学生之间的强关联。在一个单元时间里，每一位老师的人生历程和孩子们的人生历程都是叠加在一起的。

校长坚持写教育故事，无形中给了老师们方向的指引。

我们在学校里组织了"十元钱·千分爱"的阳光温暖行活动，让6000多名师生用微小的善举来帮助他人，然后记录下来。比如蔡薇老

师的故事《百宝箱》:

马上就要开学了，我和上学期一样专程去超市购买了一个收纳箱，装一包午时茶、一盒烫伤膏、一小包棉签、一盒扎头发用的小皮筋和一把木梳，以备不时之需。

我们班有56个学生，作为班主任的我，除了每日教他们学习，生活上也时时处处想着他们。有时学生肚子疼或是不小心烫伤，我就在收纳箱里找出午时茶泡一小包给学生喝，这个缓解肚子疼效果较好，拿出烫伤膏用棉签为烫伤的孩子抹一抹，以免跑药店耽搁时间。

而小皮筋和梳子是专门为女孩子准备的，早晨时常有几个小女孩上学匆忙，爸妈没有来得及给她们扎头发，我就替她们一一扎好漂亮的发辫。这些生活上的琐碎小事贵在日日坚持，虽是举手之劳，但我这小箱子也可以传递给学生大温暖。

要用有限的资源创造无限的感动，需要敏锐地发现、实现与呈现。教育的智慧蕴含于生活的每一个细节，大家都可以成为爱的感受者、践行者和传播者。在这个活动过程中，比钱更重要的，是点亮每一个人。

此外，我们还在教职工例会上开设了"阳光教师幸福说"栏目，每月选择3位教师主讲自己的教育故事。通过故事，把爱和责任植入每一位教师的心田。

每年省内外有不少教育同仁来我校参观，他们常常会发出这样的感慨:你们有什么魔力，能够让教师们个个精神焕发，让学生们人人阳光自信?

我想，这或许与故事有关。故事之灯，照亮师生温暖前行的路。悄然中，它让理念"生根"，让生长"有力"，让教育"回家"。

致老师：在寒假里，活成理想的自己

每次寒假过完，谈起假期收获，总有不少教师大发感慨：抱回去一摞书竟一本没看，打算写的文章只是开了个头，计划好的旅行还在计划里，那么长的一串日子也不知到哪儿去了。有的人抱怨：整天像个陀螺一样围着一家子人转，自己心力交瘁却发现大家并不领情。还有的自我解嘲：每逢佳节胖三斤，你说伤心不伤心？

难道我们的寒假就是在睡睡懒觉、做做家务、刷刷微信、带带孩子中度过？

塞涅卡说："青春不是人生的一段时期，而是心灵的一种状态。"难得一假，何不去掉"油腻"，打点"鸡血"，充点"能量"，在寒假里活成理想的自己。

01 定出你的规划——兴趣盎然

有人问梁启超："你信仰什么主义？"他答曰："我信仰的是趣味主义。"梁启超先生说自己每天除了睡觉外，没有一分钟一秒钟不是在积极地活动。然而却不觉得疲倦，而且很少生病。他认为趣味之主体者，莫如下面的几项：一、劳作，二、游戏，三、艺术，四、学问。因为，精神上的快乐，补得过物质上的消耗而有余。

那么，下一个寒假，我们该让自己做点什么有趣的事情呢？静默沉思，我确定了寒假规划："520" + "三字经"。

滋养身心的"520"

5：每天走一万步，打一套太极拳，做一套手指操，练钢琴一刻钟，给家人讲一个有趣的小故事。

2：去两座城市旅游，开阔视野。

0：零熬夜。

提升素质的"三字经"

读：人物传记类《史蒂夫·乔布斯传》，教育专业类《课堂中的皮革马利翁》《教育的目的》《认知心理学及其启示》，文学类《蒋勋说文学》。

背：整理和再次强化背诵《装在图图脑海里的200首诗词》。

写：完成《开发师生潜能的50个创意》四分之一撰写任务。

每个人的规划都需要结合自己的实际合理安排才行，关键是要接地气，有信心，莫让规划成了"鬼话"。

02 拿出你的态度——爱"狠"交加

有的老师可能会说："我这个人天生意志力差，坚持不了，还是这样混着过算了。"

拜托，伙伴们，逃避改变是人的天性，世界上每个人亦如此。但是，为何有些人能够说到做到呢？因为他有青春的姿态，他在不断给予自己强大的动力和鲜明的态度：为了心中的理想，我们不仅要宠自己，还要舍得"狠"自己。

《人生效率手册》的作者是一位80后的女作家，她谈到的提升效率的"小番茄时钟方法"很值得大家借鉴。所谓番茄工作法，是指弗朗西斯科·西里洛创立的一种微观时间管理办法，它的操作方法十分简便。

- 设定具体的学习任务列表。

- 设定番茄钟，时间是 25 分钟。

- 从计时起，开始完成第一项任务。

- 番茄钟铃响，停止学习，休息 3 至 5 分钟，可以活动、喝水等等。

- 开始下一个番茄钟循环，直到完成计划任务，并在列表中将任务划掉。

每四个番茄钟后，休息 25 分钟。一个番茄时间不可分割，必须是完整的 25 分钟，一个番茄时间内不得做与任务无关的事。较小的时间跨度，可以有效减轻时间压力，提升注意力和集中力，有效降低行动难度。

周国平说："怎么判断一个人究竟有没有他的'自我'呢？我可以提出一个检验的方法，就是看他能不能独处。"

当你自己一个人待着时，你是感到百无聊赖、难以忍受呢，还是感到宁静、充实和满足呢？如果小番茄时钟每天让你能够专注一到两个小时，那么你就是一个善于独处的人，一个有着"自我"的人。

03 晒出你的成果——自我实现

马斯洛的需求理论告诉我们，人生最高层次的需求是自我实现的需要。充实的假期让我们获得了不少成果，不妨拿出来晒一晒，帮助我们照亮现实，完成自我实现的梦想。

如：成为"讲书人"，与朋友聚餐的时候，用几分钟时间讲讲你最近看的书。这是锻炼我们的记忆力、思考力、表达力的一种很好的方式。

如：变身"生活秀"，把你的旅游照片和家人一起其乐融融的样子，配上诗意的文字，做成美篇。养了大家的眼，也美了你的心。

又如：实现"作家梦"，把你撰写的文章发布出去，让更多的人通过你的文字，了解你的思想，获得一定的启示。

为了鼓励自己完成规划，我们可以采取一些奖励措施。我们家有一个很好的创意，就是设一个成长投资公司，然后大家把自己的寒假成长规划晒在家庭群里。寒假结束后，完成规划的翻倍奖赏，没有完成计划的，sorry，你的钱就被充公了。

今年我的寒假成长投资金额是 1000 元（我先自己出这笔钱，这叫"逼上梁山"法）。假期如果完成任务，"公司"返还 2000 元（这叫价值驱动法），未能完成，1000 元就充公了。这种方式，把一个人的学习，变成大家共同关注的成长投资，可以使学习更有动力。

每个人都不希望自己的人生过早地进入"此树婆娑、生意尽矣"的萧条状态，一个真正爱自己的人，一定会为未知而学，为未来而改。

《穷查理宝典》有这样一个观点：获得智慧是一种道德责任，所以你必须坚持终身学习。因为光靠已有的知识，你在生活中走不了多远。我们的努力，是为了让每天夜里睡觉前比那天早晨聪明一点点。

故，何不给自己一个张弛有度的寒假，活成理想的自己。

我的"愚人档案"

作家阿尔伯特·哈伯德（《致加西亚的信》的作者）说过："每个人一天起码有五分钟是个大笨蛋。所谓智慧，就是如何不超过这五分钟的限制。"

我有一个小本子，记录的全部是我做的超级傻事。每件事几乎都是那么一两句话，字少墨重，笔笔见力，似乎对自己有咬牙切齿之恨，不屑于跟自己多啰唆！

记录最早的是1997年12月11日，上面写着："今天我甩了肖研一巴掌，其实这是在甩我自己的耳光。绝不再有！！！"

起因是拼音的四声，我利用课余时间教了这位男孩N遍，辅导了N天后，他居然还是张冠李戴，阴阳上去分不清。气急之下，愚蠢占了上风，伸出手就是响亮一巴掌，正好被他母亲大人在窗外瞧见。家长不说二话，直接就去找校长告状了。后果你们懂的，期末综合考核我全校排名第一，却因此事一票否决。当时解放小学慈祥的廖校长怕我有心理压力，还托人转告我："年轻人难免气盛，以后注意点就行。"

虽然内心里也有些委屈，但更多的是羞愧，简单粗暴是自己无能的表现。之后，在教育过程中，难免还会有暴风骤雨之势，但我总会想起我记录的那26个字，我总会提醒自己：爱学生，就一定要做到手下留情，口中留德！

　　还有，在很重要场合说过的错话，浮躁而带来的失礼，疏于管理造成的滞后，为了小事的烦恼……真的不少。

　　《愚人档案》已经快写完了，是不是我就不会再做错事呢？NO，我只不过在尽量规避犯原来的错误。但是，君不见，莫名之错天天来！

　　《左传》里讲到："人谁无过，过而能改，善莫大焉。"既然总是避免不了犯傻，就给自己多多的善吧。

你的喜欢，决定了你的人生高度

前段时间去外地给骨干班主任培训，一位老师问我："到底什么才是充实的人生？"

这实在是一个很大的"框框"，该怎么回答呢？在书中有不少名人和作家讨论过这样的问题。相比较而言，我比较喜欢日本经营的四圣之一稻盛和夫的解释：要想拥有一个充实的人生，你只有两种选择，一种是"从事自己喜欢的工作"；另一种则是"让自己喜欢上工作"。

谁不想选择自己喜欢的工作？周国平就说过："人生的幸福就是做自己喜欢的事情，并能和喜欢的人在一起。"暑期，教育局田建文老师为我校兰亭书法社的老师们进行培训，他认为练好字，选帖很关键。我将他的讲解归纳为三点：有眼缘（感觉好，一见钟情）、能知晓（了解基本笔画的特征）、合性情（字如其人，选择符合个性的字体练习会收到意想不到的效果）。合心合情合意，是潜能开发的不二法则。

记得 2011 年，我在《湖北教育》上发表过一段话：不远千山万水去见恋人，不惜废寝忘食棋盘斗智，有谁说累？感兴趣的事情，做得再多，并不会感到辛苦；而不喜欢做的事，哪怕做一点点都会怨声载道。

只是职业岂能由你自选？一个人能够碰上自己喜欢的工作的概率，恐怕不足"千分之一"。而且，即使进了自己所期望的单位，要能从事自己所青睐的工作，这样幸运的机会太少太少。

所以，只有让自己努力去喜欢工作。正如稻盛和夫说："有的人对自己的工作怎么也喜欢不起来，该怎么办呢？'喜欢'和'投入'是硬币的正反两面，两者之间是因果循环关系。"不管什么工作，只要拼命投入就会产生成果，从中产生快乐和幸福。一旦有了兴趣，就会来干劲，又会产生好的结果。在这种良性循环过程中，不知不觉你就喜欢上了自己的工作。

记得儿子读小学五年级时候，见我弹钢琴，也嚷嚷着要学。可不到一个月，他就被枯燥的练习所烦，每次弹琴就成了一场以埋怨为主旋律的"战争"。我是硬着心肠坚持让他练了两年，直到初中因为课业负担太重，才中断。没想到，现在上大学回来，弹钢琴成了他很享受的爱好。学了一首新歌，就喜欢在钢琴上演奏一番。不要乐谱，居然弹得像模像样，这应该得益于小时候的听音训练。童年时候我对他的"狠心"换来现在的"闲情逸致"，值也！

兴趣爱好培养与工作应有相通乎？如何去喜欢一个自己原本不喜欢的工作？那就要把工作的劳苦看成是我们人生的一场修行。想到一切经受的磨砺和艰辛都是在为丰盈的人生积累高度，我们何不淡定自若，欣然接受？

记住：你的喜欢，决定了你人生的高度！而喜欢之花常常是由坚韧的种子发芽出来的。

无思维　不数学

作为教育工作者，我们时常听到不少学生在诉苦：数学太难，数学太枯燥，数学太无聊……他们对数学的抱怨、害怕甚至恐惧中外皆然，这几乎是一个世界性难题。美国数学教授阿瑟·本杰明甚至把"消除数学恐惧症"，作为自己的一个重要研究课题。

那这一问题的症结在哪里？长期的一线教学实践让我发现，原来是一些教师把数学课上成了"刷题课""灌溉课""记忆课"。这个题这样解，那个题做的时候分这样几步，这道题直接用公式……这不是要把天真活泼的学生当成技工、程序员乃至大容器吗？他们哪来的真正思考？

每门学科都有自己的独门绝技。学科教师只有掌握了它，才能让学科的育人价值闪闪发光。比如：体育课用来强健体魄；语文课用来厚积薄发；音乐课用来载歌载舞；而数学课则是用来发展思维的，无思维，不数学。

原汁数学的教育理念，就是要让学生学真数学，做真思考。那什么样的数学课才能成为原汁原味的数学课呢？要在三"找"中凸显三"原"。

一、找"勾子"，凸显数学原型：生活、经验

这个"勾子"是什么意思？就是知识与生活、理性与经验、旧知与新知、理论与实践等的联结。通过联结，让死的知识鲜活起来，让抽象的知识具体起来，让枯燥的知识生动起来。

1. "勾住"现实生活，让学习有价值感。

数学家华罗庚说："宇宙之大，粒子之微，火箭之速，化工之巧，地球之变，日用之繁，无处不用数学。"心理学研究表明，我们的大脑天生对与自己生活相关联的有意义、有意思的事物感兴趣。因此，原汁数学课堂提倡大数学观，从丰富的生活中汲取学习素材，找到数学原型，从而体会解决问题的乐趣。

例如，我们工作室王芳老师"加减法的意义和各部分之间的关系"内容的原汁数学课堂场景是这样的：

前两天，老师回了一趟老家，正好赶得上帮妈妈卖小麦。利用商贩的磅秤，老师先称了称自己的体重，是 56 千克。老师的妈妈称了称自己，是 52 千克。然后，老师和妈妈一起称了称，是 110 千克。按照两人单独称的重量来计算老师和妈妈的体重之和，应该是 56 + 52 = 108（千克）。但当两个人一起称时，为什么不是 108 千克？秤中藏有什么猫腻？谁来猜一猜或算一算？

生1：加数 + 加数 = 和，但这里两个数的和与秤的总重量不相等，一定是秤有问题。

师：是啊，你真会思考，利用加法各部分之间的关系进行反思，分析得出秤有问题。站在商贩的角度想一想，如果要在秤上做点"文章"的话，他会把实际的物品秤得轻一些，还是重一些？

生2：当然是轻一些，这样他可以把农户的小麦总数秤得比实际轻一些，从而少付农户的小麦钱。

师：分析得相当好，根据这些数据仔细推算一下，商贩是怎样在秤上做"文章"的？

生3：商贩有可能把每次称的重量少2千克。当老师秤的体重是56千克时，实际应该为58千克；当妈妈秤的体重是52千克时，实际上应该是54千克。所以，当妈妈和老师一起称时，会比实际之和少2千克，为 $58+54-2=110$（千克）。

生4：其实，实际重量应为112千克。

……

这里呈现的材料与我们以前见过的材料有什么不同？它具有现实性，既具有生活的真实，又是学生熟悉且有经验的；它具有数学味，学生的生活经验蕴含着数学实质的种子；它具有发展性，提供了用数学知识解释现实现象的机会。

谈到数学生活化，许多教师认为就是从生活中找到相关数据或者随意编造故事情境，将其运用在教学之中，这是有失偏颇的。学习的最大快乐在于学习者在解决问题的过程中发现自己的智慧，为此教师要尽量提供具有现实意义的问题让学生去探究，以培养学生用数学的眼光观察世界的能力。

2. "勾住"已有经验，让新知有生长点。

数学学习呈螺旋式上升的特点，主要包括两个方面：一是学生数学思维水平发展的阶段性特征；二是人在认识对象时总是遵循由表及里、由浅入深的过程，且后续学习总会影响对先前学习对象的认识。因此，教师教学要尽可能地运用旧知重新构建新知，才能使新知稳稳立住。

例如，我工作室杨利雄老师"百分数"内容的原汁数学课堂场景是这样的：

课件出示了三种规格的蛋糕。

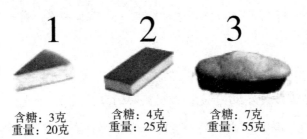

| 含糖：3克 | 含糖：4克 | 含糖：7克 |
| 重量：20克 | 重量：25克 | 重量：55克 |

师：有位顾客要买最大的，你推荐几号蛋糕？

生：推荐3号，因为3号最重，是50克。

师：从蛋糕的质量上能一眼看出，3号蛋糕最大。

师：如果另一顾客想吃最甜的，他应买哪一种？说说你的理由！

生1：推荐3号，3号含的糖最多。

生2：3号不是最甜的，只看一个数据不能说明3号最甜。

生3：我们应该先求出每款蛋糕的含糖量，再来进行比较。

师：到底哪种蛋糕最甜，我们用什么办法来比较？

生：1号蛋糕的含糖量是3/20，2号蛋糕的含糖量是4/25，3号蛋糕的含糖量是7/50。

师：这样能一下子比较出来吗？

生：需要通分，含糖量分别为：15/100、16/100、14/100。所以2号蛋糕最甜。

师：类似15/100、16/100、14/100这样的分数，我们还可以写成：15%、16%、14%，这就是我们所说的百分数。

百分数的根在哪里？分数有两种意义，一是表示分率，二是表示具体数量，而百分数是表示分率的分数的特殊形式。教学过程中，教师要对其进行分析、澄清、引导、回应，实现学生对旧知的创造性转换、沟通、交融。这样的一个过程，可以看作学生对原有知识基础的发展或转变，而不是新信息的点滴累积。

维果斯基的"最近发展区"理论认为，学生的发展有两种水平：一是学生的现有水平，指独立活动时所能达到的解决问题的水平；二是学生借助成人或更有能力的伙伴的帮助所能达到的水平，两者间的差异就是"最近发展区"。原汁数学课堂设计的教学问题，紧紧扣住学生的"最近发展区"，暴露学生的前概念，从而引发认知冲突并衍生新知识，让新知有生长点。

二、找"路线"，立足数学原本：抽象、推理和转化

要做一桌美味佳肴，办好食材后，我们需要通过煎、炒、烹、炸、溜、煸、焗、蒸等方式把它做成可口的菜肴。数学学习也是如此。"勾"住好的知识和经验，现在要做的就是找到合适的路线，把它变成学习能力。

数学学习的原本是发现实际问题中的数学成分，对其做符号化处理，从而把实际问题转化为数学问题；对符号化的问题做进一步的抽象化处理，以推理方式尝试建立和使用不同的数学模型，并将其发展为更完善、合理的概念框架。

1. 抽象：明线到暗线的过程

抽象是一种更高级的理性，它的过程大体是这样的：从解答问题出发，通过对各种经验事实的比较、分析，排除那些无关紧要的因素，提取研究对象的重要特性（普遍规律与因果关系）并加以认识，从而为解答问题提供某种科学定律或一般原理。简言之，就是：分离——提纯——简略。

例如，我工作室的程丽云老师"搭配"的原汁数学课堂场景是这样的：

2种 2种 2种

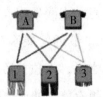

用文字、数字符号或图形符号来表示实物，看上去更加简洁明了。

现在，我们来看教师如何设计问题，以帮助学生找到路线进行抽象。

问题1：每次都这样画图多麻烦，有没有更简单的办法？（第一次抽象：把物品用字母或者数字代替）

问题2：每件上衣都可以与3条裤子搭配，2件上衣表示有几个几？你们能够用算式表示这种搭配关系吗？（第二次抽象，用算式表达图示）

问题3：小红同学的衣服有6种穿法，小朋友猜一猜，她可能有几件上衣、几件裤子？（第三次抽象，用算式来解释方法：$6 = 1 \times 6$；$6 = 2 \times 3$。1件上衣，6条裤子；6件上衣，1条裤子；2件上衣，3条裤子；3件上衣，2条裤子）

由于学生思维发展水平不同，我们对数学的抽象不能"一刀切"，而应让学生感知到抽象的过程，这是思维碰撞、交织的好机会。《了不起的盖茨比》中有句著名的话："每逢你想要批评任何人的时候，你就记住，这个世界上所有的人，并不是个个都有过你拥有的那些优越条件。"教师掌握着知识的优越条件，但要防止知识诅咒（以为自己表达得很清楚，但别人却不知晓），学会用搭梯子的方式，让学生经历知识抽象的过程。

2. 推理：由大到小或由小到大的过程

逻辑推理主要有两种形式：一是归纳推理，二是演绎推理。归纳推理，由小到大的推理，是一种从特殊到一般的推理；演绎推理是命题内涵由大到小的推理，是一种从一般到特殊的推理，一般表现为大前提、小前提、结论三段论模式。

例如，针对"正方体的展开图"，教师可以设置这样的原汁数学课堂场景，提出：（1）这是刚才剪开的正方体展开面（如下图所示），同学们能够在这些展开图中用"上下左右前后"来表示各个面吗？（2）是不是只要是 6 个正方形的展开图就可以围成正方体？

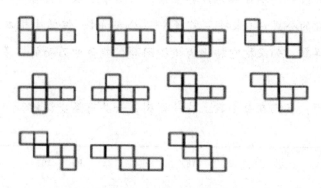

下面这两种展开图可以围成正方体吗？为什么？

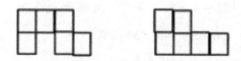

这两类问题都需要学生通过推理的方式进行解决。从相邻必有重合点，对面没有重合线，可以得出规律：每行相间是对面，再看 Z 端找对面。所以，分析展开图的情况（小前提）时，可以依据这个大前提确定结论。

许多教师认为上好这堂课很难，学生很难听懂，会采用分类的方式开展教学，这虽然有其可取之处，这一环节也是需要的，但要让学生有了充分理解再去记忆，正如先有算理再有算法。

3. 转化：A 类到 B 类的过程

原汁数学的课堂，数学教师的每次新授都是在帮学生找到一个转化点，或把未知条件转化为已知条件，或把一个综合问题转化为几个基本问题，或把不易懂的内容转化为熟悉的内容。

例如，在讲授"等差数列"的教学内容时，教师可以设计这样的原汁数学课堂场景。小学数学拓展内容中，等差数列求和的讲授内容最难，不是因为计算繁杂，而是学生求项数有困难。虽然有求项数的公式：（末项 – 首项）÷公差 +1，但学生根本不懂为何要这样算。如果把它转化为植树问题，就会迎刃而解：多少棵树 = 多少个数。

师：我们在每个数上栽一棵树，一共有多少棵树？

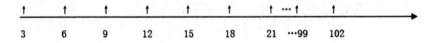

3　　6　　9　　12　　15　　18　　21 ···99　102

生：从第 3 米开始栽树，每隔 3 米栽一棵，一直栽到 102 米，所以总长是 102 – 3 = 99（米），间隔长是 3 米，所以树应该是：（102 – 3）÷（6 – 3）+1 = 34（棵）。

师：树的棵数与数的个数有什么关系？

这时学生很快就会发现，相邻数的差 = 相邻两棵树的距离，棵数 =（最后距离 – 起始距离）÷间隔长 +1，所以项数 =（末项 – 首项）÷公差 +1，公差就是间隔长。

转化过程中，努力实现学习迁移，特别是原理和方法的迁移，可以较快地提高学生的学习质量和数学能力

三、找"钥匙"，凸显数学原则：严密有理

思维发展过程中，重要的是获得智慧，获得经验，获得思想，然后用它们来解决更多的问题。因此，每节数学课不唯"钥匙"，但要有"钥匙"。德国著名天文学家、数学家约翰尼斯·开普勒说："数学是研究千变万化中不变的规律，这个规律就是数学学习的'金钥匙'，凸显出数学的严密有理。"

例如，在讲授"解决问题"相关内容时，教师可以设计如下的原汁数学课堂场景。

师：当当文具店里，同样的钢笔每支 5 元，每盒 40 元（10支），涂老师准备买 9 支钢笔，奖励给书法比赛获奖的同学，你建议老师怎么买？

生 1：买一盒，只要 40 元，如果单买 9 支，要 45 元。这样我们可以多得 1 支笔，很划算。

生 2：老师，为什么同样的笔，买 10 支比买 9 支还要便宜些？

师：这是个好问题。商家经常会搞一些促销活动，整盒（整袋、整包）的商品单价会便宜一些。以后买东西时，如果商品质量一样，你们可以怎么做？

生 3：谁划算，我们就优先选谁。

师：生活中有许多这样的例子，只要合理安排，就可以让我们少花钱、办好事。

又如，学校组织 20 名教师赴武当山参加全国书法比赛，如何租车会比较合算？（大车一辆 5000 元/12 人，小车 2000 元/4 人）

生 4：首先考虑谁划算就优先选谁，大车每人只要 400 多元钱，小车每人要 500 元，所以我们尽量租大车。19 个人需要 5000

×2＝10000（元）。

师：两辆大车可以坐24人，空了5个位置看上去有些浪费。

生5：小车刚好可以坐满。20÷4＝5（辆），5×2000＝10000（元）。这种座位不浪费，钱一样多，我觉得好些。

师：还有更好的办法吗？

生6：这两种车都租用。20＝12×1＋4×2，一辆大车，两辆小车。5000＋2000×2＝9000（元），钱用得少，座位也没有多余的，避免浪费。

师：是的，全部用大车会浪费座位，全部用小车会导致每个人的车费增加，所以可以找一个折中的办法，就是：先用大车，剩下的安排到小车上去，两边来凑。

通过比较不同方案，重点是传递给学生一种策略：安排要既经济又合理。本节课的钥匙则是：算单价，谁划算，优先谁；如浪费，要调整，两边凑。

对于合理安排时间的教学，应侧重让学生知道如何巧妙安排，同时做一些事情，从而节省时间。可以用流程图表示做事的次序，让隐性思维显性化，从而得到本节课的钥匙：先排序→再安排；同时做→省时间；流程图→写关键。

《高效演讲》一书讲到一个非常有趣的观点，那就是好的演讲特别要注意三个环节：坡道，巧妙开场，一句话引起听众的最大兴趣；发现，循序渐进，刺激听众主动发现演讲要点；甜点，完美收尾，让听众记住你的演讲。在我看来，数学的"钥匙"就是学生数学学习的甜点，让他们获得解决诸多此类问题的乐趣。

学数学的过程原本是一个智力还原的过程，是一个灵魂冒险的过程，是一个知识建构的过程。本质上，学数学与搭积木是同一类别的智力游戏，充满想象，充满诱惑，充满惊险，充满喜悦，兴味盎然，精彩无限。我们希望通过原汁数学，让数学学习回到它的本来状态，回到简单，回到朴素，回到生活，回到有趣，让思考真正发生。

　　原汁数学，一言以蔽之，曰：思无穷！

"烧脑"数学 欢乐无穷!

一直以来，在许多学校的数学课上，教师把数学课上成了"刷题"课，上成了"灌溉"课，上成了"记忆"课。这个题是这样解的，那个题做的时候应该分几个步骤，还有这道题直接用公式……这只是做大脑的机械动作，而我们需要做的是思维的体操，深度锻炼学生的大脑。

为此，2012年我提出了原汁数学教学的理念——让学生学真数学，做真思考。

学数学:每个"陷阱"里藏着思维的火种

一次，我和几个学生一起吃早餐。嘴巴吃着，大脑闲着。突然，我又发问了:"同学们，我们厨房蒸1个包子要10分钟，你们猜蒸8个包子至少要多长时间?"

"80分钟。"学生们几乎异口同声，而我没表态。

"10分钟。"虽然声音有点小，但我听见了，抬头一望，是刘思远。

他从我的眼神里看到了鼓励，接着说:"我们学校的蒸笼，可以一次蒸很多包子，同时蒸只要10分钟。"

你们看，这个问题的情境很有意思，需要运用生活常识。如果没有说是在食堂蒸包子，那蒸笼可能大，也可能小，答案就不确定了。

我又接着问："那如果我吃一个包子要 2 分钟，吃 3 个包子要几分钟？"

"2 分钟。"受刚才答案的影响，不少学生脱口而出。

我笑着说："谁来表演一下特技，同时吃下 3 个包子。"学生们惊呼："啊，我们又上当了，至少 6 分钟。"

两个问题似乎很相似，但思路不同。一种是合理安排时间，可以同时做；另一种是求几个数量的和。而设陷，就是为了培养学生思维的深刻性。

当然，这个陷阱不能太深，否则会让学生产生畏惧。最好是有趣的，而且是符合学生学习最近发展区的。学生"掉"进去，自己可以"爬"上来，或者教师拉一把就可以上来。"设陷"的关键是把学生置于多元化的生活中，让学生在思辨中感受到解决问题的现实价值。

玩数学：每项"活动"里充满思维的热度

我常对教师们说，如果不想让教学变得死气沉沉，就把冰冷的数学装上"跃动"的心吧！

请你把双手伸出来，掌心朝外，大拇指朝下，交叉后不动，你们能够让大拇指朝上吗？扭不动？而我为何能轻松地扭过来？原来这个魔术我用了障眼法，偷换了动作，我先是双手交叉，后来双手合拢了……

这是我在上《括号》时的一个情景。我的数学课有一个"好戏看过来"的必备环节，就是和学生一起玩与本节课知识有关的数学游戏或魔术。游戏不是学习的敌人，它是学习的伙伴，是学生大脑成长的营养剂。

每天的"趣题悬赏"也备受学生青睐。小黑板上出一道数学趣题，前 10 名答对的学生可以到数学王子那里领一个小奖品，如一粒花生、一颗糖、一朵小花等。

每周的"大脑拐弯"运动会，是学生与家长的一个数学盛会。例如，5 个一元硬币，怎样放，使它们能够两两相碰？还有，假如有一张足够大的纸，把它连续对折 30 次，你们觉得它会有 10 个珠穆朗玛峰那么高吗？这样的题目特别有开放性和挑战性，参与的家长和学生直呼脑洞大开。

著名数学大师陈省身说："数学好玩"，我觉得数学教师能够让学生感受到这一点，就是对他们最高级的人生馈赠。

用数学：每项"设计"后享受思维的成果

你们相不相信，让学生学完东南西北后，再把他们带到外面去，大部分学生仍然分不清东和西。为什么？因为知识与认知不是一回事，中间需要一座桥梁，那就是用数学。

一次学完长方体后，我给学生安排了一个实践活动：做一个长方体鞋盒，计算出它的体积，并尽量让自己设计的鞋盒与众不同。周一上课的时候，学生们拿出了千姿百态的鞋盒。

有的学生在鞋盒上贴图案，显得很萌；有的学生把鞋盒做成了上下层，似乎更经济；有的学生做了两种颜色的鞋盒，一种冷色系男士专用，一种暖色系女士专用；还有的学生做成了透明鞋盒，两侧是透明材料，为我们找鞋子提供了极大的便利。

学校每次周五打扫卫生的时候，许多学生会从家里带来刷衣服的小刷子刷地面，特别费劲还不卫生。我们班学习了"分米"后，我提议让学生设计一种有长柄的刷子，既可以刷地面，也可以刷瓷砖墙面。具体要多长的柄，让学生自己设计。有的学生做的柄太长，容易戳到后面的人，有的学生做的柄太短，够不着墙高处的瓷砖。最后，大家发现刷子柄在 12 分米和 15 分米之间最为合适，这样刷子举起来的高度可达 3 米左右。

经过这样的讨论和实践，"分米"的概念特别清晰地建立在学生的大脑中。而我们在数学课中应运而生的多功能长刷、防辐射手机套、易拆换纱窗等 17 项小发明还获得了国家专利。因此，数学的意义不仅在于可以让我们当解题高手，还能让生活变得创意无限。

无思维，不数学，是我的一种教育理念。希望通过原汁数学，改变学生对数学的刻板印象，解决学生学数学的烦恼，让学习数学回到它的本来状态。同时，也是我对好老师的一种美好期许，希望我们的老师成为理性思辨、用心思考、富有思想的智者，让学科价值闪闪发光，让教育人生不断超越。

廉政人生的三重境界

有人说，人生的高度，取决于你交往的人、走过的路和读过的书。说真的，这句话很抽象，但如果我们用二维曲线图来看，那就很直观。

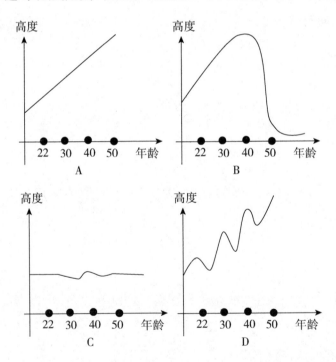

A：一路开挂，只是梦想中的人生。

B：辉煌时，意气风发高唱凯歌，重挫后，一蹶不振跌入低谷。

C：随遇而安，不进不退，满足现状度一生。

D：人们所期望的积极人生姿态。

D 图中的曲线，有我们不断跃起的起跳点。要想有这样的人生姿态，唯有清清白白做人，兢兢业业做事，才可以心无挂碍，抵达人生的新高度，它里面包含着廉政人生的三重境界。

更少才能更好

理念：更少才能更好，换得"淡定"心。

有个《黑洞》的视频讲了一个寓意深刻的故事：男主角在无意间发现了一张印有黑洞的纸，通过黑洞可以做到类似隔空取物的效果，当他想利用黑洞拿走保险箱里的钱时，贪婪让他踏进不归路。

我们知道，人有天性和习性：天赋的性是天性，天性是纯善无恶的，孟子说的是人的"天性"；后天的性叫习性，习性是可善可恶的，墨子说的是人的"习性"。人在刚出生时，天性都是善良的，但随着各自生存环境的不同变化和影响，人的习性就会产生差异。刚才说的这个视频揭露的就是一些人的习性：贪婪。所有跌进人生深渊的人，几乎都是因为贪念太多，从而铤而走险。

暑假，我看了一本很有意义的书《精要主义》。书中的核心观点是：更少，就是更好。这句话很有哲理，拒绝所谓的好机会，拥抱真正的契机，除了当下，别无其他。它让我们重新审视自我和人、事、物之间的关系，如"奥卡姆剃刀"，如无必要，勿增实体。

不用"更多"解决一切，而用"更少"达到更好，是廉政人生的第一重境界。

我的办公室挂着一幅书法作品，是中国书法家协会会员、武穴市著名书法家吴岚先生写的，内容是清代儒将左宗棠题于江苏无锡梅园的诗句："发上等愿，结中等缘，享下等福；择高处立，寻平处住，向宽处行。""享下等福"和"向宽处行"，就是要在生活上简单朴素，在做事时留有余地。有而不知足，失其所以有；欲而不知止，失其所以欲。

对生活的低标准，对工作的高质量，才能使我们的精神更为高洁。居里夫人一生获得 10 项奖金，16 种奖章，107 个名誉头衔，但她却过着特别简朴的生活。居里夫人结婚的时候，家中除了一张普通的床，一张桌子，两把椅子，再没有别的家具。婚前，居里的父亲打算送一套高档家具，作为他们结婚的礼物，但被居里夫人婉言谢绝了。她的先生居里不忍心，居里夫人劝阻说："亲爱的，椅子多点是会带来方便，但是，客人坐下来后就不走了，我们要花费许多无谓的时间来应酬。何况，家具多了，常常要去打扫，太浪费时间了。"居里夫人让我懂得了"子曰：贤哉回也，一箪食一瓢饮在陋巷，人不堪其忧回也不改其乐，贤哉，回也"的生命通达，也让我悟出了诸葛亮在《诫子书》所言"静以修身，俭以养德。非淡泊无以明志，非宁静无以致远"的远心旷度。

随着现代化的进程，有太多的杂事、太多的信息、太多的渴求在充斥着我们的大脑，这是我们变得焦虑、变得浮躁的原因。所以，静下心来，思考，我们到底需要什么？如果删繁去简的话，我认为也就是八个字：身体健康，心灵富足。因此，我给自己的工作和生活定了三条原则：

1. 专注于 1~3 项自己真正想从事的精神活动。每天读书不少于半小时，每周写作不少于 3000 字。不盲目浪费自己的时间与精力。

2. 明确自己的欲望和需求，不买不需要的物品。多余的物品不囤在家里，尽量送给需要的人。

3. 在学校里的每一天，要和孩子们一起吃早中餐，一起做课间操。

尽量少在外面吃饭，少闲聊。

更少才能更好的核心价值，不是一味地节约和精简，而是我们所有的资源，无论是时间、精力、心灵和金钱，都尽可能地用在真正有价值的事和重要的人身上。让攀比再少一些，达观就会多一些；让浮躁再少一些，沉潜就会多一些；让私心再少一些，开明就会多一些，而我们也会越来越喜欢自己。

自律才能自由

理念：自律才能自由，守住"防护"线。

《元史·许衡传》里有这样一段记载：许衡做官之前，一年夏天外出，天热感觉口渴难耐。刚好道旁有棵梨树，众人争相摘梨解渴，唯独许衡不为所动。有人问他为何不摘？他回答说："不是自己的梨，岂能乱摘！"那人劝解道："乱世之时，这梨是没有主人的。"许衡正色道："梨无主人，难道我心中也无主吗？"终不摘梨。面对饥渴之诱惑，许衡因心中有"主"，而无动于衷。许衡心目中的"主"无疑就是自律，有了这种"主"，便会洁身自好，牢牢把握住自己。

懂得不被外界诱惑所吸引，自律者方得自由，是廉政的第二重境界。

一次，我校赵继凯副校长深有感触地说："我们学校的高校长，是我见过人品最好的人之一。"我问他，为何突然有这样的感慨。他说，他朋友的孩子考教师编，高校长尽心尽力辅导后，孩子考上了。朋友表示了一点心意，他硬是不收。其实，何止这一次，我见过太多次。作为教学副校长，面临着招生、插班等廉政风险点，高中咏副校长始终把握好防控线。因为人品过硬，我们附小的老师们都特别敬重他。他的专业影响力、人格感染力和个人自律力，促使学校形成了崇研尚学的浓郁教研氛围。近三年，教育部优课，我们和华师一附中并列湖北省第一；接连两年，我们学校荣获全国科研工作先进单位；近四年，我们学校有三项国家级课题结题。所以，越自律，越有话语权，越自律，越优秀。

德国哲学家康德说，所谓自由，不是随心所欲，而是自我主宰。一天两天看不出来，一个月两个月也许还是看不出来，但是一年两年，甚至十年二十年，自律的人和不自律的人，终将走上截然不同的道路。

怎样律己、律人？有一个共振的短视频给了我诸多启示。为何刚开始钟摆嘈杂的声音最后变得整齐划一？没有相互接触，没有刻意拨动，就是在声波的影响下，最后变得趋同。同样道理，人与人之间确实是可以相互影响的，我们不要害怕开始的乱或者错，共振的力量终究会让我们坦然。

在工作中，虽然我们反复强调，还是有老师违反纪律；虽然我们加强监管，还是有老师触碰底线。但是，我们从来不会放弃努力，因为我相信，只要让团队坚持发出良善的声音，做出正确的行动，我们团队的愿景就会更加一致，我们团队的样子就会更加和谐。

为此，我们提出了附小廉政建设的理念：光明磊落办教育，风清气正育人才。确定了三大目标：个个是廉洁之人，处处是廉洁之地，时时吹廉洁之风。

个个是廉洁之人：培养"行为阳光、形象阳光、心态阳光"的阳光教师。我们出台了阳光教师考核办法，6条刚性要求，触碰一条，对不起，你评优评模一票否。200多位教师，只要达标，人人都可以成为阳光教师。我认为用制度管理人，比我们一百句口号都有用。如今，附小阳光教师研究院和阳光教师俱乐部参与的人达到了98%。教师的业余生活高雅而有意义，减少了消极、懈怠、懒惰和放纵。我常常跟我们的老师们说，我们要为幸福的60岁做准备。当我们退休的时候，师生们念着我，健康跟着我，新生活等着我。要达到这些目标，就要把工作当成最好的修炼，把学习当成最好的奖赏，把锻炼当成最好的负责。做心底无私的教育人，前半生不犹豫，后半生不后悔。

处处是廉洁之地：学校内营造浓厚的廉洁氛围。有廉洁书画展，宣传栏上展示教师们抄写的《党章》《宪法》《监察法》的书法作品和创作的廉政漫画；有法治小天地，艺飞楼一楼墙面成为师生创编的廉洁故事、格言、诗歌的展示区域；有德育大长廊，吸收中华传统文化的精髓，分"仁义礼智信法"六大板块；有廉洁剪纸坊，用学生廉洁主题的剪纸作品装扮教学楼。

时时吹廉洁之风：我们附小教职工例会上，每次都特地设置《提升教育境界》的环节，目的是净化心灵，纯化精神。这三年里，我给大家讲了27讲。如《过有尊严的人生》《爱惜自己的羽毛》《遵守规范，遵循规律》等等。为了倡导廉洁家风，我们学校每年进行"十佳风采女性""十大和谐家庭"评选。并且，我们还开展教师大走访活动，通过家属的夸赞、领导的关心，让廉洁从教之风深入人心、深入家庭。

因为自律，才能安心从教；因为自律，才能特色凸显；因为自律，才能自由从容。自由的本质不是放纵自己，不是无所不为，而是自律之后的舒畅，是有所为，有所不为！

真信才能真做

理念：真信才能真做，立下"愚公"志。

中央电视台《百家讲坛》系列特别节目：平"语"近人——习近平总书记用典，我是每集必看，特别受益。第六集"只留清气满乾坤"的主题是共产党员的修身。在党的十九大闭幕之后，习近平总书记和新一届中共中央政治局常委同中外记者见面，总书记在讲话当中，引用了这两句诗"不要人夸好颜色，只留清气满乾坤"。这两句古诗的作者是元代的画家、诗人王冕。诗中说梅花从来不以鲜艳的颜色，去博取别人的赞美，而只愿让缕缕清香弥漫在天地之间。总书记引用这两句诗是以诗言志，彰显的是一个大党、一个大国自信的气质，传递的是我们中国共产党人的朴素信念和务实精神。

坚定的信念，持久的行动，真信，真做，是廉政人生的第三重境界。

我们真信什么？真干什么？2018年9月全国教育工作会议精神给了我们明确的方向，其中教育改革的"9个坚持"就是教育工作者的行动纲领。坚持党对教育事业的全面领导；坚持把立德树人作为根本任务；坚持优先发展教育事业；坚持社会主义办学方向；坚持扎根中国大地办教育；坚持以人民为中心发展教育；坚持深化教育改革创新；坚持把服务中华民族伟大复兴作为教育的重要使命；坚持把教师队伍建设作为基础工作。作为附小教育人，我们该如何努力呢？

我们要坚持办有思想的学校。这些年来，我们明德分校已经形成了"以雅浸润，以行导航"的雅行教育体系，教师关爱留守儿童的创新工作得到了刘雪荣书记的好评；江林校区形成了"用美丽的心做美好的事"的尚美教育理念，师生素质大幅度提升；本部形成了"让每个人都成为独特而优秀的自己"的拓潜教育体系，努力让教育集团的三所学校各美其美，美美与共。

我们要坚持办有品牌的学校。让每一位领导成为教育品牌的推广人，先锋党建、情智教学、魅力德育、优质总务、尚美艺术、智能电教、和谐工会，提升管理质效，呈现特色；让每一位家长成为学校的合伙人，通过成长护照、家长开放日、家校联盟会，促进家校互通，形成合力；让每一位教师成为学校的 CEO，当名誉督学，发现典型，提出问题，实现民主管理，集思广益。

作为一名教育工作者，用整颗心来爱教育，就是最大的廉洁。当我们想明白了这点，就会理解"功崇惟志，业广惟勤"的内涵，就会坚守"不要人夸颜色好，只留清气满乾坤"的信念。

更少才能更好，自律才能自由，真信才能真做，是廉政人生的三重境界，也是物质生活、精神生活、灵魂生活的具体追求，目的是让我们的生命由自我、本我走向超我，由自省到自律，再到自强，这其中蕴含着丰富的哲学思想。

未来的路，谁也不知道会走到何方。但余生很长，何必慌张。只要淡定、从容、豁达，哪一天不是风清气正、优雅恬静的好日子？所以，慢慢走，走好每一步。

在读来读往的世界里

苏霍姆林斯基说，要无限相信书籍的力量。亲，你是阅读一族吗？

阅读，让我们亲近世界。轻捻书卷，忘情注视，或芳草摇曳，落英缤纷，或悬泉瀑布，飞漱其间，或明月松间，清泉石上……足不出户，万千风景皆在书中。看《徐霞客游记》让无数人心旷神怡。

越读，让我们精神远游。徜徉书林，畅游书海，在先哲的思想里行吟，在大师的文字里沉潜，在经典的文化中灵动……缓步随行，我们的生命渐长，渐宽，渐无穷。看，《诗经》的光芒从古越今。

悦读，让我们心灵平和。回味百态，体察万情，闲看花开花落，漫随云卷云舒，于都市喧嚣中辟一方清静，把凡尘琐事悄然搁浅，或沉思，或静悟……哲思激荡，抵达高贵灵魂的彼岸。看，《沉思录》里有我们向往质朴的欢喜。

跃读，让我们开阔明达。教育智慧，跃然纸上。在名家的肩膀上攀升，在典范的课堂中创新，在和谐的沟通里启迪……追享事业，我们成为点灯人。看，《给教师的建议》展现的是成长的跃动。

在阅读的世界里，我们是独来独往的，因为阅读是个人的事；在阅读的世界里，我们是读来读往的，因为"读来"是博览群书，"读往"是付诸实践。感谢无私的书们，静静地陪伴，默默地展露，让我们获得生命的美好和慰藉。

故，这一辈子，只要有呼吸，就读下去！

《沉思录》里有一片瓦尔登湖

手捧《沉思录》总不想放下来，这本已有 1900 多年历史的世界名著让我禁不住发出一次又一次地赞叹，娓娓道来的朴实语言里闪耀着极其理性、道德和智慧的光芒，在我看来，它好似心灵的净化器，让我在喧嚣的生活中找到一处静谧的精神小屋。

《沉思录》是古罗马唯一一位哲学家皇帝马可·奥勒留所著，内容大部分是他在鞍马劳顿的旅途中所写，此书是斯多葛派哲学（斯多亚哲学）的一个里程碑。马可·奥勒留在书中阐述了灵魂与死亡的关系，解析了个人的德行、个人的解脱以及个人对社会的责任，要求常常自省以达到内心的平静，要摒弃一切无用和琐屑的思想，正直地思考，不仅要思考善与光明磊落的事情，还要付诸行动。

柏拉图是极其推崇哲学家做执政者的。去年我前后花了一个月时间读完了他写的《理想国》，他在书中谈道："除非哲学家做国王，此世间的王侯又都具有哲学家的气质和能力，除非政治的伟大与智慧能结合一体，否则，诸城邦难免灾难——不，如我所说，全人类难免灾难。只有哲学家做了国王，到那时，我们的国家才有生的可能，才能得见天日。"柏拉图如果知道数百年后有个叫马可的哲学家做了皇帝，他或许会感到欣慰。因为马可满足了柏拉图的理想君主的条件：身居九五之尊，却沉醉于学者的孤独而不迷恋巍峨壮丽的王宫；身为罗马战士，却酷爱和平而厌弃战争。

我总认为一本书让自己所喜爱，是因为书里有一个"我"：我的思想，我的情感，我的表达。《沉思录》里的语言总会在不经意间触动我敏感的神经，使之波动，从而在大脑里分泌出多巴胺，让我尽情享受着书中精神食粮带来的满足感。

人总是想隐退到乡间、海滨、山林之中，像自然之子梭罗一样，一个人，一把板斧，一片湖，从此归隐。但其实，再也没有比心灵更纯净的地方了。胸怀宽广的人，只需要凝神屏气，便能获得宁静，这才是真的归隐。这种"宁静"源于心绪有序，是身体的归隐无法做到的。如果走正确的道路，思想与行动一致，你就能过上幸福的生活。无论身的灵魂还是人的灵魂，只要是理性的事物，皆有其相似之点，彼此互不干扰，坚持正义，处事公正，如此即可消除私欲。

理性的灵魂有以下特质：它观察自己，剖析自己，按照自己的意愿塑造自己，收获自己的成果。理性的灵魂，还具有以下特质：即爱邻人、诚实、谦逊，不把任何事物看得比自己还重要，这是自然法则的特性。故：凡合乎自然，亦合乎正义。

对某件事保持沉默，使我们内心免受干扰，这没有什么不对，自然并没有赋予那件事物强迫我们为它做出判断的权利。

《沉思录》绝对应该是一本需要反复"咀嚼"的营养读物。温家宝总理说："这本书天天放在我的床头，我可能读了有 100 遍，天天都在读。"费迪曼也在《一生的读书计划》中谈道："《沉思录》有一种不可思议的魅力，它甜美、忧郁和高贵。这部黄金之书以庄严不屈的精神负起人生的重荷，直接帮助人们去过更加美好的生活。"布朗·约翰逊说："如果你觉得不能在日复一日的忙乱工作中保持心灵的宁静，如果你觉得不堪生活压力的重负，如果你觉得自己的状态一塌糊涂，快到崩溃的边缘……那么你就该去读读这本书了。"在《沉思录》里，我找到了属于梭罗的那个天地。

乔布斯：活着就是为了改变世界

2019 年春节，我最好的精神营养可能就属《史蒂夫·乔布斯传》了，513 页，一周看完。

这本传记跟我之前看过的传记不大相同。没有回避一些乔布斯人格上的缺点和失当行为，通过客观真实的描述，还原了乔布斯鲜活、生动的形象。他的冷酷无情、歇斯底里与他惊人的创造力、艺术天赋一样令人印象深刻。

乔布斯的传奇是硅谷创新神话的典型代表。他在父母的车库里开创苹果企业，并把它打造成了全球最有价值的公司。他没有直接发明很多东西，但是他用大师级的手法把理念、艺术和科技融合在一起，就创造了未来。从他身上我们深深感受到极简、极致、极端的力量。

极简的力量：至繁归于至简

达·芬奇的名言：至繁归于至简，成了乔布斯生活和工作的不二准则，这一点通过三个方面可以窥一斑知全豹。

穿衣：乔布斯平时着装以休闲类为主，常年牛仔裤。最爱穿的黑色高领衫，是三宅一生为他做的，据说做了一百件，穿了几十年。

饮食：乔布斯 19 岁开始吃素，准确地说乔布斯并不是素食主义者，而是果实主义者。他会经常绝食或者一两个星期只吃胡萝卜或苹果，是《一座小行星的饮食》这本书影响了他。他喜欢身体没有杂质的感觉。

产品：极简风深深影响着他的审美风格。他所有的产品必须是简洁到极致的一种美。没有多余的按钮、配件及装饰，即便这些零件可以讨好一部分用户。简洁让用户在使用的时候不被打扰，减少犯错误的机会，降低学习成本，同时在使用它的产品时，能保持优雅与从容的姿态。不论你是 5 岁还是 95 岁，iPad 正面只有一个按钮，没有指南你也可以马上使用。

匮乏即是富足，自律产生喜悦。我们要避免对物质的执着，物质往往只能把生活填满而不能使之充实。越简约，越专注；越专注，越成功。生活中的每个领域都值得我们以最朴素的选择去对待，因为很多时候，少即是多。

极致的力量：从完美主义立场出发

乔布斯的妻子劳伦评价丈夫：他对可能性充满了史诗般的感觉，他看待事情是从完美主义的立场出发的。乔布斯他自己说："人活着只为追求极致并分享给同类。"

乔布斯对他所创造的任何产品，绝对不能容忍平庸和将就。他从父亲身上学到，充满激情的工艺就是要确保即使是隐藏的部分也要做得很漂亮。这种理念最极端也是最有说服力的例证之一，就是乔布斯会仔细检查印刷电路板。电路板上有芯片和其他部件，深藏于 Mac 的内部，没有哪个用户会看到它，但乔布斯还是会从美学角度对它进行评判。"那个部分做得很漂亮"，他说，"但是，看看这些存储芯片，真难看！这些线靠得太近了！"当最终的设计方案敲定后，他会把 Mac 团队成员都召集到一起，举行一个仪式。他说："真正的艺术家都会在作品上签上名字。"于是他拿出一张绘图纸和一支三伏笔，让所有人都签上了自己的名字。这些签名被刻在每一台 Mac 电脑的内部，除了维修电脑的人，没有人会看到这些名字，但团队里的每个成员都知道那里面有自己的名字。

我们来看看他的极致追求后的成功：

> 以主角之一的身份参与了个人电脑时代的开创；
>
> 以投资人的身份参与了电脑动画时代的开创；
>
> 以唯一主角的身份拉开了"后 PC 时代"；主导了电脑、移动互联网、消费电子三个产业，并影响了音乐、出版、娱乐等多个产业；
>
> 用十四年时间将一家濒临破产的公司逆转为美国市值最高的公司。

苹果几乎垄断了 21 世纪最初十年全球最受尊敬公司的地位。

是的，乔布斯成了创造力、想象力以及持续创新的终极标志，而这一切是因为完美主义成全了他。他任何时候都知道如何做到专注。"决定不做什么跟决定做什么同样重要。"他说，"对公司来说是这样，对产品来说也是这样。"乔布斯终生保持了禅坐冥想的习惯。他从不信任通过市场调查或集体讨论最后拍板决定的产品，他更多的依赖他个人的直觉。他说："我跟着我的直觉和好奇心走，遇到的很多东西，此后被证明是无价之宝。"

乔布斯的成功不可复制，但我们应该铭记这样的常识：心心在一艺，其艺必工；心心在一职，其职必举。如果，我们把工作只是作为领取薪水的平台，把工作当成完成任务的差事，我们将永远与完美无缘，我们不是改变世界，而是被世界改变。

极端的力量：天才是不计后果的执着

这本传记的作者美国作家沃尔特·艾萨克森，为了写这本书，他采访了乔布斯100多个家庭成员、朋友、竞争对手和同事，他们认为乔布斯的现实扭曲力场过于强大，他将个人魅力转化为说服力，通过个性的力量进行劝诱、胁迫，逼迫人们去挑战不可能完成的事情。特别是他的二元思维更让人难以接受，评价人或者产品，要不就是棒极了，要不就是一堆垃圾，这些语言曾经遭人诟病。

极端的严厉，极端的挑剔，极端的强压，让乔布斯显得无情和疯狂。但是，他的苹果团队核心成员黛比·科尔曼回忆道："能够和他并肩作战，我真的是世界上最幸运的人。"

有意思的是，苹果Mac团队每年有一个奖项颁发给最能勇敢面对乔布斯的人。在一定程度上是个玩笑，但也有认真的成分。乔布斯知道这个奖，并且喜欢它。大家认为，乔布斯的苛责与尖锐也有一些好处，那些没有被他摧毁的人都变得更为强大，苹果员工还自发制作了T恤，上面写着：我爱每周工作90小时。

我特别赞同乔布斯这样一段话："多年以来，我认识到，当你拥有真正优秀的人才时，你不必对他们太纵容。你期待他们做出好成绩，你就能让他们做出好成绩。最初的Mac团队让我知道，最顶级的人才喜欢一起工作，而且他们是不能容忍平庸作品的。"

乔布斯的激情是在打造一家可以传世的公司，这家公司里的人动力十足地创造伟大的产品，其他一切都是第二位的。所以，他不会留有情面，不会一团和气，而是直言不讳，直射靶心。

乔布斯虽然在尘世间只是停留了56年，但他的故事将长久地激励着世人。乔布斯在招徕百事可乐总裁斯卡利当苹果的CEO时，对他说："你是想卖一辈子糖水，还是想跟着我们一起改变世界？"一直徘徊的斯卡利听到此话，终于答应加入苹果。

人生小确幸：永远想变好

假期从外地坐车回来，虽然一路劳累奔波，但那个调皮的瞌睡虫到了深夜十二点还不见踪影。幸亏俺小女子现在也大度，心不烦意不乱，试图在日本作家河合隼雄《心的处方笺》中偷得双眼微微合。不过，请注意，我用我的黑眼圈向大家证明，这招不可仿效，今后还是闭着眼睛数羊比较好。

河合隼雄，1928年生。他是一个传奇的心理治疗师。曾任日本文化厅厅长、日本京都大学教育学院院长、国际日本文化研究中心所长。他是日本第一位荣格心理分析师。（瑞典心理学家荣格认为集体无意识反映了人类在以往历史进化过程中的集体经验。我们之所以能够很容易地以某种方式感知到某些东西并对它做出反应，正是因为这些东西早已先天地存在于我们的集体无意识之中。）

单从书名来看，似乎就是针对心理疾病谈一些诊断方式，就像医生为患者开的处方笺。其实不然，虽然书中有不少心理咨询的案例，但我觉得它更多的是帮助我们退到第二世界，理性观察世间，来读懂人，发现真相，然后增加我们生活的勇气和智慧，让自己变得更好。

书中一共有55篇，感觉每个标题都是从哲理的锅里捞出来的。

比如说，劝导别人，百分百正确的话就是毫无意义的废话

这句话我不完全赞同，但不能否认很多时候就是如此。我们常常苦口婆心地告诫身边的人："要多运动""吸烟对身体不好，戒烟吧"。说烦了的时候，还会来这样一句："我说一百遍，你怎么就不听呢？"光是说些百分之百正确的话，凭这个就妄想能帮到别人，未免太天真了。

以我看来，对于听讲座、参加会议、聆听教导……人们最需要的，是那些可以诱惑自己去改变的实用方法。

就像我们学校学生集会的时候，总喜欢交头接耳。老师们在台上喊："安静，请大家安静。"消停了一会儿，孩子们又叽叽喳喳地说起来。后来，我与孩子们进行了一项挑战不可能的活动：如果每周全校同学们集会或做课间操的时候，没有一个人讲话，就请涂校长周一的时候为大家表演一个节目。跳新疆舞、唱歌、变魔术……变要求为挑战，孩子们倍感新鲜，在这种强大的期待中，终于管住了自己的嘴巴，自律能力就是这样慢慢形成的。

一言以蔽之：少大而空的话，多实打实的法。

又如，强者才懂得感谢

亲们，闭上眼睛想一想：什么样的人会记得你的好？是不是越优秀的人，越会感恩？

河合隼雄说："发自内心地感谢他人，这是一件很难办到的事。要做到这点，首先就得承认自己从别人那得到了帮助，弱者是根本无法接受这个现实的，他们必须马不停蹄地去处理接踵而来的不幸或灾难，根本没有工夫去考虑其他人。又或者他们所经历的不幸实在太多了，以至于让他们有一种接受帮助是理所当然的事的错觉。"

　　我想起了鲁迅的犀利语言：可怜之人必有可恨之处。身边有些人正是因为不懂得感恩，才变得孤立无援，四面楚歌的。

　　那么，该如何去表达谢意呢？简约的语言：谢谢！真诚的表情：幸亏有你！朴实的行动：不会让你失望！不信试试，在感恩中，你会变得越来越强大。

还如，一旦打破了沉默，就请继续说下去

　　河合隼雄说："忍耐是最好的美德吗？"

　　把话装在肚子里最保险！我曾经如此相信沉默的力量。这是不是正确的呢？要知道沉默的背后往往很难有所谓的心平气和，而会被忧郁所代替。忧郁是一颗近在咫尺的洋葱，散发着独特而辛辣的味道，剥开它紧密的、黏黏的鳞片时，我们会泪流满面。

　　有没有这样的时刻，心中已有千言万语，到了面对面，却不知从何说起？这让我想起了作家村上春树的一句话：哪里会有人喜欢孤独，不过是不喜欢失望罢了。害怕对方失望，害怕自己失望，说到底都是对自己的不自信。所以，勇于打破沉默，即使被人嘲笑又如何？在沟通中，你的心才能更敞亮。

　　……

　　看一本好书的意义在哪里？愉悦我们的精神，打开我们的视界，让我们永远有一颗想变好的心，这的确是小确幸喔。

亮出自己的色彩

对于李希贵校长的著作，我原来是有所拜读的。比如《为了自由呼吸的教育》，让我读懂了李校长对教育的真诚：一腔真爱，一份宽容。近日又迷上了他的《学生第二》。单从书名来看，似乎有噱头之嫌。因为在所有人都高喊学生为主体的时候，李希贵校长为什么提出学生第二？其实，教育的本质只有揭开面纱，才能清晰了然。李希贵校长是用辩证的观点来看教育的：没有教师的第一，学生永远不会第一。只有"教师第一，学生第二"，才能真正达到"学生为本""学生为中心""学生为主体"的目标。

恍然大悟！不善待教育的根，却想获得鲜美的果实，是多么肤浅！幸福的教育是因为有幸福的教师，幸福的教师才能培养出幸福的学生。忽略了教师的需求和期待，打着为了孩子的旗帜，对教师严格苛责，换来的只不过是沉闷的、压抑的程序化任务驱动而已。

这就是李希贵校长，他用哲学家一样深邃的目光洞察着教育的内核，如此不一般的观点，让这本书充满了思想的光辉。他的鲜明、他的精辟，在我看来，就如他所说的："不能像一般人那样生活。"这个观点，可能也容易让一些人产生误解，不能像一般人那样生活，难道每个人都必须出类拔萃吗？不是的。李希贵只不过在用他真实的故事告诉我们，不要人云亦云，不要亦步亦趋，要亮出自己的风格，守住自己的道德，散出自己的芬芳。

我们来看看他的不一般：一般情况下，人们都是在学校里学习知识，到社会上运用知识，而他从参加工作之初，就开始不断地向书本学习向实践求教，只要听到先进的东西，就立即前往求学，其中的收益岂可以车载斗量？一般情况下，人们往往是干什么，才学什么，对一些于谋生"无用"的东西或者不屑一顾，或者无暇顾及。而他却喜欢买一些于工作"无用"的书籍，读一点毫无干系的东西。在书中列举的诸多他解决困境问题而萌发出的创新管理中，我们可以依稀找到企业管理书籍《掌握人性的管理》《经营人生的智慧》的痕迹。看似是对他"无用"的书籍，却让他成了将企业管理经验移植到教育管理的最佳榜样。因此，就有了一朵朵管理的奇葩：把规章制度降低到最低限度，做希望经销商，把保健因素转化为激励因素，管理中的数学思维……每个案例的背后都闪现着智慧的光芒。

为了不像一般人一样生活，他做到了既不重复别人也不重复自己。李希贵在教师、校长、局长的三种角色变换中，人生的关键词始终如一：读书、思考、改革。做语文老师，李希贵改变传统的教学方式，是向学生放权利、放时间，让学生成为学习的主体，通过大量阅读提高自身的语文素养。做校长，李希贵校长说管理的最高境界是"让每个人都感到自己的重要"，并提出教育理想是"让孩子自由呼吸、自主成长"。做局长，李希贵通过体制改革，把权利放给校长；又取消了校长的行政级别，用"职级制"对校长进行动态管理。

李希贵校长是教育的高山，我等在景仰的同时，也应该反思：我的不一般在哪里？或许有些人四十岁过后仍是随波逐流，而我希望自己每天都有教育的新生活。或许有些人面对加班加点、又苦又累的工作常想逃避，而我觉得这正是锤炼自己的绝好机会……正如我在自己的教育随笔的后记中写的一样：不求花开富贵，但愿郁郁葱葱。活出自己的底色和亮色，做一丛生机勃发的小草，挺好！

　　一个人生命的姿态是由他选择怎样的方式成长决定的。感谢《学生第二》，李希贵的故事和他的经验告诉我们：亮出自己的色彩，不要像一般人一样生活。

两杯水的教育哲学

"一个冬日的夜晚，父亲把两杯水放在窗台上，一杯放在窗外，一杯放在窗内，中间只隔着一层玻璃。第二天早上，父亲把窗台上的两杯水端给我看，放在窗外的那杯水结冰了，而放在窗内的却没有……"

小品文作家黄小平《两只杯子里的生命哲学》，读来让我产生了颇多思考。同是一杯水，只不过一杯在屋内，一杯在屋外，最后产生的结果却迥然不同。一杯结冰，一杯却保持原样，这说明环境决定着事物的性质和发展。另外，两杯水之间，仅隔着一层薄薄的玻璃，而就是这层薄薄的玻璃，让两杯水产生了不同的结果，这说明命运往往就在细微的差别里。

一个普通的杯子，一层薄薄的玻璃，只是窗内窗外的差别，却是两番不同的境地。导致杯子里的水"结冰"的这种结果，并不是玻璃带来的，根源在温差上。由此反思我们部分学校的教育管理行为，我们的确把有些教师放在了"窗外"。例如每年的评模评优中，获得奖励的总一如既往的是那些少数积极教师；出外竞赛课、展示课、课题研讨会也都让骨干包揽；领导口里、宣传栏里的典型榜样总是那些发光发亮的少数人……长此下去，强者愈强，弱者愈弱，造成严重的两极分化现象，还会使一些未受到表彰的教师缺乏原有的活力，打击他们的积极性，对教师职业产生倦怠感，导致他们逐渐成为学校的"边缘人"。我们把这些教师放在了窗外，怎么能去责备他们因环境"冰冷"而凝结成了"寒冰"呢？

从黄小平的"两只杯子"中我窥得了一个道理：教育是充满希望和活力的事业，饱含着责任和使命。每一个学生的生命都是不允许任何教师随意辜负的，所以更要给每一位教师提供舒适温暖的教育环境。也许有些教师一开始的确不够优秀，不够敬业，但我们依然要以发展的眼光看待老师，静待花开。教育最大的力量就是信任。以此为信念，不能放弃任何一名学生，同样也要把这份耐心献给我们的老师，信任、鼓励他们，与他们一起成长。

"晚上，父亲又把两杯水放在窗台上，一杯放在窗外，一杯放在窗内，只不过放在窗外的那杯水，放进了两条小鱼。早上起床的时候，父亲又把两杯水端给我看。结果，两杯水都没有结冰。"读到这里，我又有了新的启示：教师成长的秘诀在于"心中有跃动"。世界十大管理大师彼得·圣吉在《第五项修炼》中所谈到的，学习的关键在于改善心智模式。窗外的水杯里有两条鱼，它们为了抵御冬天的寒冷，在杯里不停地游动，由于杯里的水不断地受到搅动，而致使水没有结冰。这说明虽然环境决定着事物的性质和发展，但生命不是在环境面前无所作为，鱼是如此，更何况人呢？

为了避免我们的教师成为窗外人，让他们时刻"心中有跃动"，我们学校组建了阳光教师俱乐部，成立了一系列社团：写作坊、梦之声乐队、高雅阅读馆、兰亭书法社、合唱团、动感球队、青春舞队等等。教师们都积极参与，找到属于自己的"领地"，发挥他们的特长。学校还建立了阳光教师研究院，通过青蓝工程、风采工程、名师工程为不同教师的专业成长量体裁衣，分层发展，从而达到整体提升。至此，学校组织的"外出赛课场"上不再只有骨干教师的身影，教师们纷纷展现风采，自信而积极。让每一位教师在公平的环境下发展，不仅是学校追求的目标，也是所有教育管理者首先要做到的。

两杯水的生命哲学，让我悟得了一个浅显的道理：环境影响人，人改变环境。只有给每一位教师创造有温度的精神家园，才能使他们永葆动力，激情工作。

为何偏偏记住了这些话

读书时代，老师们对我说过的话，绝大部分都被忘记了。但有些话却不曾随岁月流逝，深深地扎根在我的脑海里，影响着我的生命。

1

我读小学三年级时，数学老师姓夏，名启刚，高高瘦瘦，不苟言笑。他语速偏快，略显急切，我们需竖起耳朵，认真倾听，才不至于漏下重要内容。他有一个绝活儿，投掷出去的粉笔头会在空中画一个优美的抛物线，然后不偏不倚地落在分神的学生身上。

他上课不喜照本宣科，总会出一些颇有难度的数学题来考我们。一次，他信手在黑板上写出一题，待同学们做完，开始统计答案："认为是100的，请举手。"除了我，其他同学都举起了小手。老师板着脸，问我："大家都认为是100，难道你有什么奇怪答案？"听他这么一说，我慌了神，脸涨得通红，赶紧在心底又飞快地算了一遍，确定无误后，站起来怯生生地说："我认为是10。"话音刚落，老师的手便抬了起来，我紧张地盯着他手中的粉笔，感觉呼吸都快要停止了，粉笔肯定是砸向我！没想到，他转身在黑板上写了一个"10"，然后微笑着说了一句我终身忘不了的话："这道题的答案就是10。涂玉霞，你敢于坚持自己，了不起！说说你是怎么想的？"如今我早就忘了具体的讲解细节，却记得当时被巨大的幸福包裹着，也就是从那时起，我开始真心喜欢数学。

夏老师的称赞，也让我觉得自己可以跟其他人不同，可以拥有自己的光芒。如今，不轻易随波逐流，坚持做我认为正确的事情，已然成为我的特质。

后来，夏老师因为教学成绩突出，调入石佛寺中学教书。我到武穴市师范附属小学工作后，他还曾经联系过我，让我出初中新生入校测试的数学卷。我一如读书时代那样，以最快的速度完成任务，交给了他。无须过多的言语，单是想到老师还是如此信任我这个学生，心里面就倍感温暖。

2

初中，教我们数学的是张小阳老师，他擅长培优，在武穴市的初中数学界很有名望。他的教学风格与夏老师不同，条分缕析，缓缓悠悠道来。如果说夏老师上课是跳欢快的华尔兹的话，那么张老师就是吟唱慢节奏的咏叹调了。《学记》曰："故君子之教，喻也；道而弗牵，强而弗抑，开而弗达。"讲的是高明的教师善于引导学生，但决不牵着学生的鼻子；严格要求学生，但决不使学生感到压抑；在问题开头启发学生思考，而不是将结果直接公布于学生。张老师的教学即是如此。

一次，他为我们讲解一道很难的几何题，张老师在图上添加了两条辅助线后，问题终于被证明了出来。我反复思考着老师的解题方法，一种新的思路突然从我的脑海飘过，我举起了手。他疑惑地问："涂玉霞，你没听懂?"我直言："还有一种方法比这更简单，只需要加一条辅助线。"话音刚落，教室里一阵哗然。张老师示意同学们安静下来，让我上台讲解。没想到，似乎遇到了傻鬼附体，我一上讲台，大脑里一片空白！这下，全班同学更是笑开了。我手足无措，张老师挥挥手，让我回座位再思考。也是奇怪，一回到座位上，我的脑回路就通了，便又举了手。张老师依然请我上台讲。等我画好辅助线，"吧啦吧啦"讲完后，张老师用大手拍了三下黑板（这是他表扬人的招牌动作），他显得格外开心，说："这种解法，我还是第一次见到，非常好，非常好！你有空就练练竞赛题。"我再望向同学们，那看把戏的眼光瞬间已变成了羡慕的眼神。

自古以来，挑战老师的答案，都是一件极需勇气的事情，很可能弄巧成拙，受到老师的棒喝，抑或会给教师留下一种逞能的印象。师者象征着权威，现实中，又有多少老师能够容忍学生如此直白的"补充"?

张老师不仅包容了我，而且还拍手叫好，让我看到了师者的光芒，这份光芒也由我传递给了我从教之后的学生们。从教后，我在班上设置了一个"啄木鸟"奖，凡是发现教师课堂中出现的错误，或者能够帮助教师进一步完善答案的同学，都可以获得这个奖项。

在张老师的鼓励下，我愈发感觉到数学的魅力所在。我不再满足于简单的课本知识，而是在寻觅"他食"了。在武汉大学读书的大哥特意为我买了不少日本、美国的数学竞赛书，我一有空就琢磨书中的趣题。那个时候，家里常常停电，晚上只能点煤油灯写作业。墙面被熏得黑乎乎的不说，脸上亦是如此。有时，做得入神了，头埋下去，头发都被灯火燎着了，散发出一股焦味。我却乐此不疲，跟现在年轻人通宵达旦玩游戏的心情一样——上瘾。

可惜张老师积劳成疾，在我们初三上半学期，他就住进了医院。几年后，永远离开了我们，只留下我们对他无尽的怀念。

初三下学期，我参加全国数学奥林匹克竞赛，获得了一等奖，全市第二名。一个女孩在数学大赛获此殊荣，在全校引起了不小的轰动。那个时候的校长是郭永生老师，也是我的物理老师。记得在一次全校师生集会时，他站在主席台上，勉励大家说："谁说女孩不会读书，谁说女孩学不好数学，涂玉霞就是所有女生的榜样！只要努力，你们都可以！"郭老师现在是市教育局基教科的科长，因为工作关系，我们会经常碰面，每次看到他，我都会觉得特别亲切。每个人对认同自己的人都会有一种天然的信赖。

3

初三最后一个月，我的学习热情受到了影响，源于父亲在家里说的一番话："我知道你们个个想考大学，但是家里实在供不过来，所以，我们家定一个家规，儿子全部读大学，女儿全部读中专。"他转过头来，半开玩笑半认真地说："玉霞，中考你就少考点，要不然读师范，我还要去找人。"那个时候，中等师范学校和武穴中学的最低分数线一样，但有个上限，如果分数超过了这个上限，却还想读师范，就要去托人，找关系。如果考上了高中，就意味着又要多一个上大学的孩子。

父亲的话，让我陷入无尽的失落之中。年少轻狂、踌躇满志的我，人生理想中根本就没有"孩子王"这一项。但我并没有埋怨父亲，家里六个孩子都在念书，而且，跟比赛似的，个个成绩都很好。父亲为了维持一家生计，从单位辞职开货车，早出晚归，异常辛苦，能管得了我们的温饱就已不易，我作为长女理应尽早帮家里分担一些责任。

所以，临近期末，我几乎不怎么学习，有空就看一些闲书。当时的班主任是教语文的孙再益老师，平常，他没少拿我的作文当范文在班上念。我自知写作能力一般，孙老师这样做，是想树立我学习语文的信心。孙老师得知我在"虚度"学习时光，看在眼里急在心里，找到我说："你是最有希望考入黄冈中学的，但最近这么反常，是有什么原因吗?"我低头不语，不想告诉他家里的实际情况。孙老师似乎懂得我的苦衷，说："我知道你很不容易，希望你放下包袱，好好把握剩下的时间，只有奋斗了，将来我们才不会后悔。"走出孙老师的办公室，我的眼泪夺眶而出，为了老师对我的信任，对我的理解。

1990 年，石佛寺中学无人升入黄冈中学，老师们失望的心情可想而知。毕业后，我很长时间都怕见到他们，直到自己成了老师，才慢慢打开心结。

2016 年过年的时候，我邀请孙老师和初中的几位同学一起聚会。孙老师那天喝了不少酒，说起了我们读书时很多有趣的故事，并在席后感慨地对我说："虽然你没有去读大学，是一种遗憾。但是你作为一名教师，能取得这样的成绩，我更为你自豪。"良师便是如此，他总能够发现你身上闪光的地方，然后不断地为你赋能。

4

父亲听别人说，师范毕业生，要一刀切，全部分配到农村，不如读幼儿师范学校，安排到县城工作的可能性大。于是我听从家里的安排，进了幼师。

　　一到黄冈幼儿师范学校，我就感觉和周围的一切格格不入。因为不会讲普通话，性格内向，再加上没有特长，我变得自卑而多愁善感。我把自己"藏"起来，一个人悄悄地在操场跑步，一个人偷偷地待在琴房里练琴。第一学期结束后，班主任王丹红老师发现了我演奏方面的潜力，开始为我单独辅导，并且把音乐教室的钥匙交给了我，让我课余时间随时来练，当时全校只有一架钢琴，放在音乐教室里，只为老师授课所用，平常我们学生练习的琴都是脚踏风琴。有了这份特殊待遇，我的钢琴演奏水平突飞猛进，毫无悬念地成了学校合唱比赛的专职伴奏和独奏表演者。

　　一次，王老师的导师来到我们学校调研，王老师特地让我到音乐教室演奏几首曲子。因为第一次见到这样的大师，我的心里惴惴不安，弹奏《牧童短笛》时，中间错了好几个音。我羞愧难当，觉得辜负了老师的信任。王老师却微笑着拍了拍我的肩膀，对她的导师说："这曲子她刚练，还不熟，她很勤奋，理解力强，是一个好苗子。"有智慧的老师，总会想着法子，小心翼翼地呵护着学生那颗敏感而脆弱的心。

　　幼师三年级下学期，学校要推荐同学去武汉音乐学院深造。王老师推荐了含我在内的几位同学前去面试。我思考了两天后，写了一封信交给王老师。信的大概意思是说自己在音乐方面没有天赋，视唱练耳都不行，所以想早点放弃。王老师耐心劝导我，认为我主攻钢琴专业，发展前景会很不错。但我还是坚持了自己的想法，王老师没有再劝，依然鼓励道："你认真，以后做什么事，都不会差。"

　　我参加工作后，教过包括语文、数学、科学、美术、思想品德在内的各种学科，同时也担任过少先队辅导员、团支部书记、政教主任、教导主任、工会主席、副校长、校长等多种职务，我从不敢懈怠，因为我始终忘不了王老师对我的肯定：你认真，以后做什么事，都不会差！

为何偏偏记住了这些话？为何这些老师成为我生命中的重要他人？因为每个人内心里都渴望得到赞扬和肯定。苏霍姆林斯基说："教育者的任务在于发现每个受教育者身上一切美好的东西。鼓励他们独立学习，进行创造，获取成功。"

有个大家耳熟能详的实验：1968 年的一天，美国心理学家罗森塔尔和 L. 雅各布森来到一所小学，说要进行 7 项实验。他们从一至六年级各选了 3 个班，对这 18 个班的学生进行了"未来发展趋势测验"。之后，罗森塔尔以赞许的口吻将一份"最有发展前途者"的名单交给了校长和相关老师，并叮嘱他们务必要保密，以免影响实验的正确性。然而实际上，罗森塔尔撒了一个"权威性谎言"，名单上的学生是随机挑选出来的。8 个月后，罗森塔尔和助手们对那 18 个班级的学生进行复试，结果奇迹出现了：凡是上了名单的学生，个个成绩都有了显著的进步，且普遍变得性格活泼开朗，有强烈的自信心和旺盛的求知欲，且更乐于和别人打交道。

爱默生曾说过："一个伟大的灵魂，会强化思想和生命。师者良言，就如一束束光，照亮学生前行的路。"

不断成长，才是最值得骄傲的事

作为教师，教育自己的孩子，有得天独厚的优势，因为他的教育理念和理论可以得到充分的践行。在一定意义上说，我的儿子是我教育研究的重要对象。在陪伴儿子成长的过程中，我会有意无意地把教育他的有效经验移植到学生身上，也会把培养学生的成功做法借鉴到教子过程中。

为了记录教育的美好，我先后为儿子写下了数百封信，选择其中一封信，以飨读者，希望没有浪费你们的时光。

儿子：

今天是你从国外回来的第 20 天。此刻，外面烈日炎炎，室内却是清凉如水。你正在客厅练习钢琴曲《童年的回忆》，而我静坐在电脑前，听着你的琴声感慨地敲下这些文字。

再微小的进步，都弥足珍贵

今年 8 月 8 日，你生日的那天，我在曾经住的老房子里翻出了 3 个灰扑扑的日记本。其中有一本是我专门用来记录你的成长足迹的，大段小落都是白描式的表达。我想在这里摘录一些给你，带你见一见小时候可爱的自己。

1996.8.8。儿子凌晨3时出生，体重6.7斤，身高52.5cm，阿氏评分10分。儿子是二哥从产房抱出来的，生平第一次抱婴儿，作为医生的他，竟然慌里慌张的，哈哈。我问儿子长得怎么样，大哥打趣地说："嘴巴那么大，像只青蛙。"

1997.8.8。一周岁，按照惯例要"抓阄"。在众多的东西中，儿子拿了爷爷的一支新笔。老人家喜不自禁，连夸孙儿将来有出息。

1997.8.10。今天到石佛寺父亲家，卢禹迈开了人生的第一步。一次竟然连走41步，这功劳应该属于他的大舅。狠心丢开他的手，他只能一个人摇摇摆摆地往前冲！

1岁3个月。禹儿喜欢把东西往地下丢，而且非常高兴，会叫家人，会说馍、菜。

1岁5个月。会听懂一些话了，叫他拿鞋子、凳子、脸盆，他都会兴冲冲地拿过来。特别喜欢听音乐，随着欢快的旋律扭动腰身，手做翻腕状，或者身体左右摆动，像是打太极。

1岁6个月。腊月二十三，大哥从武汉回来，禹儿还不会叫舅舅，对此大哥表示强烈不满，抱着他绕竹林转了一圈。不知施了什么魔法，回来时，卢禹就会大声喊："舅，舅。"大学老师，有招！

1岁7个月。喜欢跳舞，能自己主动说话，要喝水就喊喝呀，喝呀。开始自己吃饭，但很不熟练，一大半的饭菜都喂了桌子。

1岁8个月。会从1数到10，很流利。能认识很多卡片上的图，喜欢一个字一个字地说。能从一楼上到六楼，自己可以下楼梯，但仍需大人在旁看着。见了生人仍然很胆怯。

1岁9个月。会说自己叫禹儿。问他几岁，伸出右手食指说1岁。会自己下床，上床时，他看见旁边有把椅子，就搬过去，踩着椅子上去。会跳，但不高。问他是喜欢爸爸还是妈妈，他就说是妈妈。反之，是喜欢妈妈还是爸爸，就说爸爸。我懂了，他根本没过脑，就选最后一个词说。

1岁10个月。爱吃零食，不喜饭菜，天天为吃饭，我们进行艰难地斗争。他常常拉着奶奶到小房间里去，把手指头放在嘴巴前，意思是叫她别作声，让奶奶拿好吃的东西给他。因为他心里清楚，妈妈是不允许他吃零食的。可见，这小家伙是多么的"狡猾"。

1岁11个月。能从高处往低处跳。喜欢涂鸦，跟隔壁苏洁在楼上用粉笔乱涂乱画。左手拿笔和筷子。似乎很讲卫生，脚沾上了什么东西，就会大叫："有米儿！有米儿！"沾上湿的，就说有尿，大哭起来。

2岁（身高82cm，体重23斤）语言有很大的进步，能用简报式的语言传达信息。如：禹儿要吃，奶奶走了，爸爸上班了。对大小、多少、前后均有一定的理解。如：他吃东西时，就选择大的、多的。他拿凳子去开门，我说把凳子往后拉一点，他就连忙往后移，无误。

1998.8.12。也会看人脸色了。有时候，他想吃冰箱里的东西，我朝他一瞪眼，他连忙自己摆手说："妈妈打人。"就不拿了。（我是天生的虎妈吗？）

1998.12.5。喜欢唱歌，一天到晚地哼唱《世上只有妈妈好》《相约1998》《一位好姑娘》……虽然歌词唱不清楚，但旋律基本上都是对的。最近他还迷上了听故事，为了他的浓厚兴趣，每天晚上我讲的是哈欠连天，双眼皮变成三眼皮，恨不得雇一个讲故事大王来顶替。

1999.1.1。卢禹最近热衷于背儿歌，且记忆力让我惊喜。昨天晚上我出三年级语文试卷，卢禹在看书。我就把其中一首《古风》读给他听，他跟我读了两遍，就不愿意再读，要自己看书。今天晚上，我想把这首诗教他念，没想到我刚说"春种"，他连忙接上"一粒粟"，并把后面的流畅地背了下来。他现在会背的古诗有《锄禾》《相思》《春晓》《鹅》《静夜思》《草》《登鹳雀楼》《登幽州台歌》《古风》《游子吟》，儿歌有《小老鼠》《宝宝哭》《菱角》《荷花红》《闪电》《瓜和耙》《雨》《一二三四五》。会唱的歌有《卖报歌》《生日歌》《新年快乐》《捡到一分钱》《世上只有妈妈好》《我的好妈妈》《打电话》《小兔子乖乖》《两只老虎》《夏天》《国旗多美丽》。

1999.8.8。今天卢禹三岁，他现在会说一些有意思的话了。昨天，我和他爸爸闹别扭，我逗着他说："卢禹，你爸爸不爱我了，明天我要到很远的地方去。"他连忙嘟着嘴说："爸爸不爱你，你爱我呀，我来爱你。"说着，就用小手搂着我的头。这么会说话，是随我吗？

卢禹的新本领：

1. 现在会认识三角形、正方形、长方形、圆形，1—10 的数；

2. 在电子琴上会弹 $\underline{1\,2\,3\,4}$ ｜ 5 － ｜ $\underline{5\,4\,3\,2}$ ｜ 1 － ｜｜（右手比左手强，左撇子的优势呢？）；

3. 会写 1、2、4、10；

4. 会画苹果、太阳、三角形（左手画得好些，不过我在逐渐培养他双手都能写字、画画）；

5. 会认识卡片，100 张左右；

6. 喜欢唱歌。电视上的流行歌曲，也能哼唱一些；

7. 能自己讲简单的故事。如：司马光砸缸，圆圆的帽子，狼和小羊；

……

孩子，这就是你三岁前的模样。从朴实无华的记录中，你能感受到什么吗？是的，即使是你再微小的进步，也会给妈妈带来巨大的幸福。生命是一棵长满各种可能的树，妈妈所有的努力，就是希望能为这棵树注入你所需要的养料。我愿细心照料，助你开出芬芳的花，结出丰硕的果。

人生这条路，没有吉星高照

等你开始念小学，我便不再写你的成长日记了，而是选择时不时给你写信。我希望通过书信与你交流，在字里行间将我的感受渗透给你。

这一路走来，你知道，并不是一帆风顺。

记得你读初中时，因为上课跟同桌说话，被老师打了好几个耳光，从此你厌恶上该学科的课。我心急如焚，谈心无效后，只好"积心处虑"地以该老师的口吻给你写信，信的内容不大记得，表达的意思大概是：对你寄予厚望，故如此严格要求。怕字迹穿帮，我特意打印出来，夹在你的课堂作业本里，看上去好像是你老师塞进去的。没想到还是被你一下子识破（看来妈妈还是不善于掩饰）。庆幸的是，从那以后，你慢慢在改变，不再消极抵触。你很清楚，要想让别人发自内心地尊重我们，最好的办法，就是让自己变得足够强大和优秀。

高三上学期，你几次测试失利后，有明显的焦虑倾向。妈妈写信勉励你：稳稳地走，带着满满的信心。信里讲了这样一个故事：一位先生找到了一个蝴蝶蛹，他静静地坐着观察蝴蝶如何奋力从那个小洞中将身体挣脱出来。它挣扎了几个小时但仍然不见有任何进展。它似乎已经尽了最大努力，再也出不来了。于是，那位先生决定去帮助它。他拿了一把剪刀，剪掉了无法脱下的蛹壳。蝴蝶终于出现在眼前了。他继续观察着蝴蝶，希望它随时张大翅膀，身体缩小，然后扑腾着飞起来。结果什么都没有发生。事实上，这只蝴蝶只能拖着干瘪的翅膀和臃肿的身体爬行到死。它永远不能飞翔。你知道，只有在身体通过蛹上那个小小洞口的过程中，它体内的溶液才能转移到翅膀上，正是坚硬的蛹壳使蝴蝶的翅膀变得强壮。也只有这样，蝴蝶才能展翅飞翔。这个故事对你是否有激励作用，我不得而知。但作为母亲，我亦希望自己成为你的知心朋友，为你带来生命的慰藉。

儿子，人生这条路，没有吉星高照，不会一帆风顺，所有人都是跌跌撞撞地往前走。你所需要做的就是，从失败中汲取经验，去感悟，去改变，而不是去懊悔，去抱怨，去退缩，每一次经历都是你人生的财富底蕴。

只有毅力和决心无往不利

洛克菲勒家族十条家训的第 10 条是这样写的："世界上没有一样东西可取代毅力，才干也不可以。怀才不遇者比比皆是，一事无成的天才很普遍。教育也不可以，世界上充满了学而无用的人。只有毅力和决心无往不利。"

孩子，你是一个有着较高坚毅力的人。在这个电子游戏泛滥的社会里，你居然能跟这些划清界限，从不染指，这让我很骄傲。因为你可以用更多的时间来锻炼身体，滋养精神。而且，如若你一旦喜欢某一样事情，你就会坚持到底，不轻言放弃。比如说，假期你想跟老师练声，便是清晨六点，你也从不迟到。

但是，这个世界上的母亲都是"贪心"的，妈妈总希望你变得更好：

如果，你能够每天看书的时候，不要总是翻看微信和 QQ 就更好了；

如果，你每个假期，或者双休日，提前给自己定好计划，不至于有时候陷入无聊，就更好了；

如果，你能够敞开心扉，在众人面前更加自信表达就更好了；

如果，如果……其实，这些如果我可能已经在你面前说了 N 次了。

你完全知道，也明白应该如何去做，只是尚且缺乏不断完善自我的毅力。但是，我知道你会努力做好的，对吗？

我们不厌其烦地弯腰拾起细碎的石块，日积月累构筑起来的是高耸雄伟的城堡。只有站在城堡上，俯瞰脚下的壮美景色时，才会体会到坚持的真正含义。"锲而舍之，朽木不折；锲而不舍，金石可镂。"成功从来都不是一蹴而就的，有决心的人不一定成功，坚持决心的人才可能成功。即使小小的蜗牛也可以有大大的蓝天。

再过一个月，你又要奔赴异国读书。未来的路，谁也不知道会是怎么样的。但是，我们一路向前，一路成长，不就是最值得骄傲的事情吗？

另外，你说自己的厨艺在国外大有长进，是不是明天应该做一顿盛宴，犒劳犒劳今天为你写下 3000 多字的涂老师呢？

妈妈

2018 年 8 月 15 日

帮助侄儿戒"网瘾"

2月25日，侄儿被大哥、大嫂送回家时，我的压力骤增。

据说，侄儿最近两个月一直跟三样东西过分亲密接触，那就是床、手机和电脑，由"厌学"级别直接跨到"不学"等级。

眼看孩子的教育问题，已经影响了整个家庭的和谐和稳定，我只好在危难之际表决心：让侄儿跟着我！

他们回来时，居然还拎了一个硕大的电脑。哥嫂解释，已经答应竞，每周让他玩两个小时，希望我能够支持。

当时我的头就大了，立刻类比到戒烟行为。一个戒了半个月烟的人，再抽两天烟，然后又戒半个月……这烟到底还戒不戒？

估计这也是他们为了把侄儿拖回来的应急措施。我们交流的时候，侄儿一直在用手机玩游戏，根本无暇顾及他爸爸妈妈依依惜别的眼神。晚上十点，大哥大嫂要回宾馆住，侄儿住我家。

临走，侄儿让爸爸明天过来把网线安好，后天他再去学校报名。大哥正准备答应，我马上拦住，说："这不行，我已经跟百汇学校校长说好了，明天必须去报名。至于网线，我会请朋友来装。不用你们弄。"我想，电脑要是装上，那可就坏了。

睡觉前，我让侄儿把手机给我，他提出来要明天再给。"不行，放在我这儿，下次放假回来，我再给你。"他见我沉着脸，没有半点商量的余地，只好递给了我。

"小子，我告诉你，我就是来当恶人的，绝不给你半点机会。"我在心里暗暗地说。

第二天，我跟百汇学校的领导联系，在他们的周密考虑和亲切关怀下，侄儿进了一个非常合适的班级，班主任是方泽雄老师。

我们选择让侄儿住校，一方面是因为该校的纪律严明，学生不能带手机进校园，确保每天充足的睡眠时间；另一方面，我不想他每天回家，因为玩手机的事情，和他斗智斗勇。

说是放心，其实很不放心。侄儿上学的这一周，我天天是提心吊胆，生怕他跑出去上网。悄悄去寝室和教室观察了几次，还好，一切风平浪静。这些也归功于小姑对他的关注。

考虑到周五要放半月假了，周四，我给方老师发了一条短信："方老师，艺竞是因为网瘾才转回来的。明天放月假了，我担心他又要玩电脑。您能否找他谈谈，放假期间也断绝电子产品？有了您的要求，我们就可以很好地严格执行了。让您费心了。"

过一会儿，方老师回了短信："今天我在群里会有通知。"又说"我们班90%以上的学生连寒暑假都不碰电子产品，放心，有个过程。"我当时就觉得这个老师不一般。

随后，方老师在班微信群里发了通知："明天上午放半月假，为期3天……下次在校时间为11.5天，下次放假时间为3月15号，请各位家长继续打好违禁品攻坚战——远离电子产品和各类小说……另外，为了引导孩子们自我总结，自我反省，学会规划人生，自本学期，每次离校前孩子们都会对自己半个月的学习历程进行一次小结，内容涉及收获、不足、打算三个方面，家长们看完后请正确引导，不要粗暴对待。

谢谢合作！"

怪不得百汇学校郝校长说方老师在家校沟通工作方面做得非常好。如此细致、用心，实在难得。方老师的话，给了我一颗定心丸。

3月1日上午9点10分，侄儿放假了。先生说把侄儿接回家，我考虑到他一个人在家里，可能会捣鼓电脑，就说："直接送到我办公室吧，让我盯着他。"

没想到，他来后就直奔主题了：

"大姑，我电脑的线连好了吗？我想玩会儿游戏。"

我装作特别奇怪的样子看着他，

"玩游戏?! 你们班老师不是说不能玩游戏吗？昨天方老师已经给我发了短信，说你答应不玩了。"

这是真的，方老师已经私下找侄儿谈了话。我拿到"尚方宝剑"，说话底气很足。

"老师是说了，但是我没有表态。"他显得很失落。

"那我告诉你吧，电脑线接着没有用，我们家没有 WiFi。"

"我妈妈给我的卡办的套餐是无限量的，可以转到电脑上去。"

这家伙，把聪明劲用在学习上该多好。无限量带来的就是无节制啊。

"但是，我们家从来没有人在家里玩过电脑游戏，你既然到了我家，就得遵守我的家规。你可不能把你姑爷带坏了，让他迷上电脑，谁做饭给我们吃呢？"我半开玩笑半认真地对他说。

"但我还是想玩，我爸答应我了！"他开始倔强起来。

"不行！"

"你倔强我就让你？没门！"我心里想。

看到我斩钉截铁，他有些妥协了，"那我用手机玩一会儿行不行？"

"玩游戏是一定不行的。但用手机跟朋友联系一下，还是可以的。"

"那我玩一会儿飞行游戏，行不行?"网瘾之火仍在他心中熊熊燃烧。

"现在我们不讨论这个问题了，你马上做作业。我已经给你报了篮球班，空的时间，就好好锻炼身体，争取长到 1 米 75。"

终归，侄儿还是一个比较本分的孩子。他不再要求，拿出书，开始做作业。

打球，聊天，跑步，做作业，给父母打电话，这两天我们相安无事。

总的说来，他用手机的时间大约在 40 分钟左右，基本上是刷微信，看 QQ，有时候咕哩呱啦说着英语，好像跟外国人语音聊天。听大嫂说，他有英国和墨尔本的网友。或许，侄儿在向他们讲自己新学校的新鲜事。

想想这段时间，家人、朋友轮番照看，密切关注，不给机会，不留死角，老师和我们互相支持，有效沟通，不妥协，不放弃。切断一切幻想的路，取得了阶段性胜利，让大家那吊着的心终于放平了一些。里应外合，妙!

5 月 3 日，我带侄儿外出吃饭。在路上，他跟我说:"大姑，我有一个很重要的决定，把我手机交给班主任老师管理吧。"这真的是一次历史性的突破! 由原来的不许他玩，变成了他主动要远离电子产品。让我们特别欣慰的是，他的成绩由进班时的倒数第 3 名，月考提高到年级 213 名，期中考试又往前进了 66 名。最重要的是，他整个人也变得特别阳光和开朗。

侄儿回到武穴两个月，已经彻底戒掉了"网瘾"。

无限相信书籍的力量

4 月 23 日是世界读书日，我们学校本部有 3700 名学生家长来到学校，参加"爱上高雅 爱上阅读"的家长会。会上，我和大家一起聊了聊阅读的话题。

我们要成为好老师，好家长，就要无限相信书籍的力量。那我们怎么去做呢？其实也不难，记住三点就好。

第一，一起读

有家长跟我说："涂校长啊，我也知道孩子阅读很重要，可他就是喜欢看电视、玩游戏怎么办啊。"我问他："您每天晚上会抽时间看书吗？"他不好意思地摆摆头，说："那真没有，我也就是拿个手机刷刷微信，看看抖音。"

我给大家讲一个故事吧。有一位年轻的妈妈请教一位高人："我的小孩不听话也不爱学习，怎么办？"高人反问："你复印过文件吗？如果复印件上面有错字，是改复印件还是原件？"道理并不深奥，却是父母常常疏于自省的问题。也许会有家长理直气壮地说："我读书的时候，家长都不管，我还不是一样的成绩好。"朋友，那是原来，那个年代，我们家长都不怎么看书，而现在的家长呢？大多数是学习型家长，你还当甩手家长，你的孩子可能就被别的孩子甩出好几条街了。可能也有人会说："隔壁老李从来不管孩子，他的孩子还不是一样爱读书，爱学习。"大家有没有这样思考：有人花两元钱买彩票，能中100万，请问，我们也有这样的幸运吗？教育不能靠碰运气，而要靠责任心。所以，请我们的家长每天晚上拿起书陪孩子一起阅读。即使你不爱看书，装做爱看书的样子，装的时间长了，你就会真正爱上阅读。都说三流的父母当保姆，二流的父母当教练，一流的父母当榜样。家长是孩子的镜子，你有阅读的习惯，孩子们在耳濡目染中自然也就爱上阅读了。

建议家长朋友们除了读自己喜欢的书以外，还要读一些孩子经常看的书，了解他们的世界。还要读一读家庭教育方面的书籍，这样可以让我们的家庭教育走向专业化，避免走弯路。因为我们的孩子不能成为我们教育的实验品，而应该是我们智慧教育的结晶。

第二，天天读

我这么一说，估计会有家长要吐槽："我工作那么忙，哪有时间天天看书？"甚至有家长会抱怨："我的孩子每天那么多作业，哪有时间去看书？"我想起了著名特级教师华应龙校长说的一句话："你是因为忙，没有时间阅读，还是因为没有阅读，所以你变得更忙。"这句话值得我们好好品味。阅读，绝对不是一种负担，而是一种高效的技术，会让工作更有条理，更有创意，正如"磨刀不误砍柴工"。而不喜欢阅读，不爱思考的人，永远只能停留在工作的同一个层面上，单调、重复、低效。

不要为自己找借口，我们很少因为忙而不去吃饭，阅读就是我们精神的食粮，每天都需要。古人说，三日不读书，便觉语言无味，面目可憎。同时，我也再次告诉我们所有的老师们，一定要严格控制作业量，少布置书面作业，留时间给孩子阅读和运动。

我们学校有两个阅读神器——高雅阅读卡和好书签名单，这是用来记录孩子们每天阅读情况的，希望您在关注孩子阅读的时候，自己也制定一份阅读计划，与孩子一起见证坚持的力量。

第三，读好书

"非圣书，屏勿视。蔽聪明，坏心志。"说的是不要看不良书刊，以免身心受到污染。庄子说："吾生也有涯，而知也无涯，以有涯随无涯，殆己。"古今中外，书籍何止亿万？因此，不加以选择地随意阅读，既浪费时间，又有可能给学生带来负面影响。再加上孩子小，辨别能力差，我们作为家长和老师就要主动帮助孩子挑选有价值的书籍。

我们学校提出了高雅阅读的理念。高雅阅读倡导高贵而斯文的阅读，选择好的书籍，为孩子们种下真善美的种子。高雅阅读的基础目标是"三读"：每个孩子小学六年时间至少要诵读120首诗词，泛读120本中外名著，精读1200篇名家文章，让孩子们真正爱上阅读，爱上高雅。为了让孩子真正读进去，家长朋友们还要经常跟孩子们一起交流读书心得，加深他们对文本的理解。

如何当一名智慧型家长？请您和孩子一起养成阅读习惯吧。一起读，天天读，读好书。每天和孩子们一起阅读半小时；每周至少要和孩子一起交流一次读书心得；每年至少要给孩子买20本好书。

我们附小的三个校区，每个学校在阅读工作上都做出了有益的探索。本部的阅读工作经验在全国语文主题学习研讨会上交流，明德校区去年获得"全国十大书香校园"称号，江林校区的阅读工作被《中国教师报》推介。附小能够成为全国名校，是因为有很多很多优秀的老师、家长和孩子们，能够真正潜下心来读书、学习和做人，让这所学校具有持久的学习力。

　　我们无限相信书籍的力量，是因为我们无限相信孩子的未来。读书人是世间幸福人，因为他除了拥有现实的世界之外，还拥有另一个更为丰富也更为浩瀚的世界。请让我们爱上阅读，成就我们自己和我们的孩子，让每个生命都富有力量，富有内涵，富有诗意。

第四辑

04

| 洞察，回归教育 |

作为教育管理者，要谋大事，做小事，讲故事。

如何让拓潜教育"人人有潜能，天天在进步，个个能成才"的思想清晰可见，让教育的美好真实发生，我们要善于发现细节，实现创意，呈现思考。

——涂玉霞

办一所有意思的学校

题记：落花满天，幸赴鹤峰。共同的愿景，真诚的信仰，让教育的思想一路疯长。喂，你知，这只是画卷的开启。美好时节，将会见证我们一步一步的同往。

——与鹤峰教育人的约定

4月5日至4月8日，我们吴胡涂组合（吴：襄阳荆州街小学吴平校长，胡：黄梅育才实验学校胡文生校长，涂：就是我，在湖北省普通教育干部培训中心副主任杨坤道的带领下，参加了"教育部—中国移动中小学校长培训项目"送教下乡活动，地点：恩施鹤峰。

杨坤道主任用"海是龙世界，云是鹤故乡。黄鹤知何处，翩然入鹤峰"的诗句来回答唐人崔浩等古圣时贤关于黄河知何处的追问，并褒扬鹤峰山水价值连城。诗句的巧妙嵌入，情感的真诚流露，让我们这些过客，更加珍惜这短暂的送教时光。

在我看来，送教是一种更加深刻的体验学习。第一天我们四人分别到实验小学、实验中学、下坪乡民族中心学校调研。参观校园，走班听课，与教师代表座谈，听取校长汇报，然后进行诊断分析。第二天，为全县的校长和部分副校长进行培训。第三天，鹤峰县召开首届学校管理论坛，校长交流经验并谈工作构想。

几天的送教活动，有个观点总在我脑海里挥之不去：当校长，就要办有意思的学校。一直就很喜欢胡适的一句话：新生活，就是过有意思的生活。他认为，自己说不出为什么这样做的事，都是没有意思的生活。反过来说，凡是自己说得出为什么这样做的事，都可以说是有意思的生活。教育不应也是如此？作为学校的引路人，我们要知道为什么出发，如何更好地出发。

有意思的学校里，到处都是孩子们的作品

6 日上午，我们一起抵达鹤峰实验小学调研。该校易爱民校长和他们的领导班子早早在门口迎接。易校长是典型的阳光形象：朝气蓬勃，活力四射。鹤峰实小这所百年老校带有历史的沧桑感，古朴厚重，布局小巧。不足 8000 平方米的学校里，有 36 个教学班，2129 名学生，104 位在岗教师。作为湖北省教育科研 50 强学校，鹤峰实小显现出了它的教育内涵。在学校档案室里，一块块牌匾，一幅幅题字，可见主管部门和社会各界对该校的高度认可，饱含着校长和老师们的艰辛和智慧。

吴平校长在座谈时说的一个细节，让我很有感触。从办公楼八楼走到二楼的时候，她的手一直摸着扶手，到会议室时，摊开一看，手还是干净的。这只是一个无心行为，却折射出实小的规范管理十分到位。

我有一大嗜好，每到一所学校，眼睛总会瞟向墙面。我在观察这所学校在晒什么。相由心生，人如此，学校也是如此。我看到了校园里有宣传优秀学生的展板，有感恩父母的图文结合的记录卡，教室后墙上有不同教育活动的黑板报。但我似乎有点贪心，热切盼望学校的墙面上有更多学生留下的"痕迹"。比如：书法、作文、绘画、手工、金问号，甚至孩子们写的梦想卡，即使歪歪扭扭，哪怕稚嫩粗糙，我们理应把学校变成每一位孩子展现自己的舞台。我们不仅要让每一面墙壁都会

"说话"，更要让它说孩子们喜欢的"话"。

所以在座谈的时候，我与易校长共勉：我们一起来做天然教育，顺应天性，追崇自然，让学校四处散发出孩子们生命的气息。

只有这样，作为校长，我们才可以理直气壮地告诉自己：

我是学生的代言人！

我在为我的学生设计这个学校！

我设计出来的这个学校，是给学生用的！

有意思的学校，孩子们上课时的眼睛是亮晶晶的

有意思的学校，一定离不开优秀的老师。因为优秀教师的教杆有魔法，可以点亮课堂。而同一根教杆，有的老师或许就能敲灭激情。

参观结束后，我们提出来要走班听课，目的是了解课堂的真实情况。刚上教学楼，三年级一个班琅琅的读书声吸引了我们，推门进去，悄悄坐下。一位外形端庄、声音甜美的女老师正带着孩子们学习《可贵的沉默》。

师：同学们，通过上一节课的学习，你们说说为什么叫"可贵的沉默"呢？

生：因为孩子们通过这段时间的沉默，懂得了自己在享受父母关爱的同时，更要学会感恩。

师：那你们准备在父母生日之际，用什么样的方式向他们表示祝贺呢？

生1：我会用我的零花钱给妈妈买串项链。

师：啊！那可挺贵了。

生1：买便宜点的装饰项链，妈妈穿衣服时可以用来搭配的。

师：哦，对妈妈如此用心，即使廉价的礼物也显得弥足珍贵。

195

生 2：我给爸妈画一幅画。

师：孩子用心完成的作品，虽不是大家之作，但那份真心却是无价之宝。

生 3：我给爸妈制作一个手工作品。

师：柔弱的小手用真心制作的作品一定会是父母的最爱。

生 4：我给爸妈送份家乡的特产。

师：哦，爸妈不就是鹤峰人吗？他们可是吃着这些东西长大的呀，哦，我想起来了，你爸妈在外地打工。原来这份家乡的特产里有浓浓的乡情，有你对爸妈的牵挂呀。

师：孩子们，你们的回答让我非常感动。正如书中所说，这些礼物，也许在大人眼里有点廉价，略显稚拙，但你们的真心，你们对父母的爱却是如此温暖动人。

……

大家有没有感受到，老师对学生的发言评价恰似春风化雨，渗入学生的心灵深处？言中有情，情中有导。我特别注意观察孩子们的眼睛：弯弯的，含着笑，闪着亮光。毫不夸张地说，这是今年春天我听到最好的一节语文课，与著名特级教师于漪老师的教学理念"文道统一"是如此的契合。后来才知这位老师叫王晓冰，全国百佳语文教师，更让我肃然起敬。

为了了解孩子们的思维状态，我决定走上五年级的讲台，给孩子们讲讲数学趣题：礼堂里有 100 盏电灯，编号为 1，2，3……100，每盏灯上有一个按钮，起初 100 盏灯全都是关的。有 100 位同学，他们的编号为 1，2，3……100。他们依次走进礼堂，将自己编号的倍数的灯的按钮全部按一次，例如第一位同学把编号是 1 的倍数的灯的按钮按一下。此时 100 盏灯怎么样了？对！全亮了。第二位同学把编号是 2 的倍数的灯的按钮按一下，此时只有50盏灯亮着，50盏被这个人按灭了……第100位同学把编号是100的倍数的灯的按钮按一下，请问依次走完后，还有多少盏灯亮着？

一道大学生都觉得很难解决的题目，最后落脚到编号的因数个数是奇数还是偶数的简单问题上，热烈讨论后，学生轻松找到答案。

灯被按了奇数下，是亮着的。灯被按了偶数下，是熄灭的。而1～100中，只有1、4、9、16、25、36、49、64、81、100的因数是奇数个，所以这些编号的灯是亮的。这些数有个共同的名字，叫做完全平方数。

帮助学生搭建由生活现象走进数学本质的桥梁，原汁数学的味道就出来了。我又看到了那些亮亮的眼睛，内心里一片欢喜……正如胡文生校长的讲座中所谈到的，真正的好课堂是学生生命的狂欢。当我们看到学生的学习由被动到主动，由主动到生动，由生动到激动时，学习才是真正的发生了。

有意思的学校里，有又好吃又有营养的课程

在会议室与鹤峰实验小学领导和老师们一起座谈的时候，我讲了一个故事：挪威人爱吃沙丁鱼。渔民在海上捕得沙丁鱼后，如果能让它活着抵港，卖价就会比死鱼高好几倍。但是，捕捞到的沙丁鱼往往一回到码头就死了。后来人们把几条鲶鱼装入鱼槽，由于环境陌生，就会四处游动，而沙丁鱼发现这一异己分子后，也会紧张起来，加速游动，如此一来，水中氧气增加，沙丁鱼便活着回到了港口。

为什么讲这个故事？源于我跟孩子们的闲聊。课间，我请孩子们在我的听课本上签名，顺便跟孩子们交朋友。孩子们可高兴了，一大波涌过来，像明星一样郑重地签了名。他们跟我"交心"：佩服某某老师

啦，因为他的字写得特别好；大家特别喜欢上音乐课、美术课；晚上的作业不多……但他们也有遗憾：学校没有兴趣小组。

为了满足孩子们的愿望，我们是否可以改变常态，为孩子们增加一些好吃又有营养的课程呢？当然，在现实推进中，会有很多困难。因为大家已经习惯了传统的教学方式，适应了原有的课程安排，一旦改变，会极不适应。但作为校长，只要我们有加几条"鲶鱼"的决心，引进新的评价机制，一定可以带来学校的生动，教师的跃动，学生的灵动。

这次与鹤峰县 100 多名校长交流时，我选择的主题是《教师队伍建设的策略研究》，其中谈到了"附小人"的课程文化构想与实践。我们正在努力形成"1 + 3 + N"的素养课程模式。"1"指国家基础课程，面向全体，全面发展；"3"指全员性的特色课程，开设综合欣赏课、高雅阅读课、创意实践课。"N"指的是个性化的潜能课程，潜能开发班有 87 个，学生按照兴趣，走班选课。我觉得，为孩子们营造一个诗意的生命场，让每一个生命在学校里开出花来，这是我们的工作中最有光芒、最有美感、最有价值的事情。

正如杨坤道主任所言："一件事结束的时候，它的影响才刚刚开始。"短暂的送教活动，为校际联谊发展拉开了帷幕。办有意思的学校，让理想照亮我们的现实，任重而道远。

跟孩子们讲话要有"三得"

　　每年开学典礼和毕业典礼，按照惯例，校长要给学生们送上一些勉励的话。这些话大多数是放飞梦想、勤奋学习、文明守纪等大而空的套话。小学六年，大概很少有学生记得校长在主席台上讲过什么。

　　我做工作，一直秉承这样的一个信念：去繁从简，务实求真。我不喜欢说那些滑溜溜的场面话，也不喜欢喊那些不痛不痒的口号。我跟孩子们讲话，总会思考："我的话能够给他们的成长带来什么帮助？"

　　我觉得，校长讲话一定要俯下身来寻找共同语言，使我们的话能够让孩子们听得懂，记得住，做得到。

　　听得懂：用6—12岁孩子的说话方式跟他们谈心，这样容易产生共鸣。不用企图通过诗词歌赋、长篇大论来彰显校长个人水平，艰涩难懂、咬文嚼字的发言，对于学生而言，毫无作用，毫无魅力。

　　记得住：每次就讲一个鲜明的观点，要知晓大多数孩子的记忆特点。千万不要照稿子念，因为那样会影响你跟孩子们的眼神交流，你的关注点不在他身上，就莫希望他们会记住你的讲话。

　　做得到：一切理念，是为了有更好的行动。校长讲话，要有理念，有思想，更要有方向，有方法。儿童的塑造性非常强，我们要利用每次讲话的机会，给他们金点子，指南针，给他们吃定心丸，切莫只灌心灵鸡汤。

案例 1：2017 年 9 月开学典礼，主题是"文明从规范做起"。

我拿着一个塑料袋上台，微笑着说："亲爱的老师们、同学们，你们猜猜我的袋子里装的是什么？""垃圾！"本想给他们猜想的空间，没想到小家伙们居然知道底细，难道是我刚才四处寻找垃圾的身影被他们瞧见了？我们的同学就是厉害，明察秋毫。

我把袋子里的东西倒在主席台上。"大家看看，里面有什么？""两片纸屑和一支笔芯。""它们的主人是谁？"台下一片寂静。我环视全场，放缓了语速："同学们，你们知道吗？世界上最难的事情是说到做到。我们从小就懂得很多道理，并且在学习和生活中给自己许下了承诺，要怎么样、怎么样，但是说与做总是相差很远。如果你能够说到做到，你就不会乱扔垃圾；如果你能说到做到，你就不会乱发脾气；如果你能够说到做到，你就不会乱跑乱撞。为了让大家检验我是不是也能够说到做到，今天我想在全校老师和同学面前，给自己布置一项特殊作业——这半个月每天用这个垃圾袋在校园里捡垃圾。如果一周时间能够捡到满满的一袋，那么下周一，请全校老师和同学们在操场上一起跳两百下，这是对你们乱扔垃圾的小小惩罚。如果我的垃圾袋没有装满，下周五，就奖励全校同学班会时间看精彩的动画片。"话音刚落，全场欢呼声此起彼伏。我又来了一句自以为很满意的结束语："请大家永远记住，当你遵守规范的时候，生活就会给你奖励！"

开学典礼结束后，操场上一片纸屑都没有，被同学们悄悄捡走了。上午第二节课，我拿着袋子去捡垃圾，不少老师见了还是感觉很诧异，以为刚才校长在会上只不过是说说而已。20 分钟的时间，我捡到了一根烟头、几片废纸和一个豆奶杯子。我用手机拍下来，让德育副校长打印出来贴在门口，加了一个标题：垃圾招领启事。配上文字：这些垃圾是谁不小心扔下的？

过几天，我又在学校转了一圈，结果很"受挫"，什么都没捡到。好不容易看到一小片纸屑，一位同学抢先捡起，并冲着我笑："不给校长机会！"

我装作"恼怒"的样子，心里早已经乐开了花！

是的，教育不是靠强制压迫完成的，也不是靠心灵鸡汤实现的，而是实实在在的"小题大做"，以孩子们乐意接受的方式，让他们形成自觉的行为，获得良好的习惯。

案例2：2018年9月开学典礼，我在书法板上分别写下"上、止、正"三个字，告诉孩子们："上、止、正，让我们变得更好。"

讲话回放：

同学们，新学期里你们有什么打算呢？有的同学会说，我希望自己变得越来越聪明；有的同学会说，我想成为一个有趣的人；有的同学会说，我想变得更强壮。是的，我们都想变得越来越好，那该怎么去做呢？有三个字，就是进步的金钥匙。

第一个字是上，做一名向上的少年。保持一颗上进心，对所认定的目标始终如一地执着追求。

火箭是怎样飞上天的？火箭在起飞的时候，尾部喷出烈焰，这股烈焰是火箭燃料燃烧形成的，具有很强的向下的冲力，火箭获得了一股向上的反作用力，于是就飞向了天空。对于我们同学而言，每一节课，每一本书，每一次作业，都是在为我们自己增加燃料，让我们飞得更高。小学六年时间里，我们要诵读120篇古典诗词，泛读120本中外名著，精读1200篇经典文章，高雅阅读就是我们的燃料；我们要学会跳绳、踢毽子、转呼啦圈、做武术操、打羽毛球、乒乓球等6项技能，阳光运动就是我们的燃料；我们除了要写一手漂亮的钢笔字，还要会唱歌、跳舞、演奏，尚美艺术就是我们的燃料。

第二个字是止，做一名知止的少年。"止"者知止，适可而止，当止则止。心中有尺度，控制自我。

1978年，全世界诺贝尔奖获得者在法国巴黎聚会。有记者问当年的诺贝尔物理学奖得主卡皮察："您在哪所大学、哪个实验室里学到了您认为是最重要的东西？"出人意料的是，这位白发苍苍的老人回答道："是在幼儿园。"记者愣住了，又问："您在幼儿园学到了些什么呢？"老人如数家珍地说道："在幼儿园里，我学会了很多很多。比如，把自己的东西分一半给小伙伴们；不是自己的东西不要拿；东西要放整齐；饭前要洗手；午饭后要休息；做了错事要表示歉意；学习要多思考，要仔细观察大自然。我认为，我学到的全部东西就是这些。"

第三个字是正，做一名正直的少年。"正"者正道，心有正气，胸有信念，言行守正，行稳致远。

要想地里不长杂草，最好的办法是什么？农民伯伯告诉我们，不是天天去除草，而是在地上种上庄稼。当我们内心里装满了乐观、善良、信仰的时候，就会减少懒惰、粗暴、消极。正直的少年，当与他人发生矛盾的时候，不是去侮辱和欺凌他人，而是冷静、和善地解决问题；正直的少年，当发现他人错误的行为时，会及时制止，或者告诉大人；正直的少年，不是不犯错误，而是有了错误会及时改正。

同学们，日月行，不怕千里行；常常做，不怕千万事，只有有了动力，做到上、止、正，才能够做一名向上的少年、自律的少年、正直的少年，才能够成为更好的自己。新学期里，我们一起努力。

案例3：2018年毕业典礼，我牵着孩子们的手走进毕业门，然后告诉他们："愿你成为善良而又努力的人。"

讲话回放：

今天，我们欢聚一堂，隆重举行武师附小2018届毕业典礼。首先，我代表学校，对同学们顺利完成学业，开启人生新征程，表示最热烈的祝贺！同时，也请同学们和我一起，对含辛茹苦抚育大家成长的各位家长，对倾心尽力培育大家成才的全体教职工，表示衷心的感谢和崇高的敬意！

同学们，或许，这是你们最后一次听我在台上唠唠叨叨了；或许，这是你们最后一次这样簇拥着站在附小的操场上了；或许，这是你们最后一次向附小的学弟学妹们表达爱心了。是的，你们即将离开附小，就像长大的小鸟，飞向更加广阔的天空。

今天，我作为校长，你们的大朋友，想送给大家两个词，希望你们能够永久珍藏。

第一是善良。

大家见过向日葵没有？向日葵具有明显的趋光性，正面向太阳。一位善良的人，就好像是一棵向日葵，心永远向着太阳。所以，他们能够总是记着别人的好，感恩别人的好，真心对别人好。美国作家马克·吐温认为："善良是一种世界通用的语言。"一个善良的人能在世界的任何地方畅通无阻。

善良的你，会自律自爱。根植于内心的修养，无须提醒的自觉，以约束为前提的自由，就是一种时刻关心他人的善。

善良的你，会日行一善。勿以善小而不为，给别人一个微笑，给别人一点鼓励，给别人一点信心等，都是善。

当你坚持发出友善的声音，做出良善的举动，你就会形成强大的磁场，吸引更多的人在你身边，与你分享生命的幸福。

第二是努力。

非洲草原上的尖毛草，是非洲大地上生长的最高的毛草之一，有"草地之王"的美称，它的生长过程十分怪异。在最初的半年里，它几乎是草原上最矮的草，只有一寸高，人们甚至看不出它在生长，那段时间，草原上的任何一种野草，长得都要比它旺盛，没有人能看出尖毛草会是今后的"草地之王"。但在半年后，在雨水到来之际，尖毛草就像是被施了魔法一样，以每天一尺半的速度向上疯长，三五天的时间，它便会长到一米六至两米的高度。

科学家的研究表明，尖毛草其实一直在生长，但前半年它不是在长身体，而是在长根部。在长达六个月的时间里，尖毛草的根部长得超过了 28 米，它无声无息地为自己的将来做准备。一棵草，竟然有 28 米以上的根茎，这是多么罕见的现象！

同学们，6 年的小学生活，我们以高雅阅读的名义在一起，泛读120 本中外名著，诵读120 首经典诗词，精读1200 篇优秀文章，厚实生命的底蕴；我们以阳光运动的理由在一起，跳绳、踢毽子、转呼啦圈成了我们的必备技能，打球、武术、跆拳道、竹竿舞等成了我们的特色项目，在跃动中，增强生命的活力；我们以尚美艺术的共同追求在一起，崇尚雅致，向美求真，在琴棋书画、舞戏歌赋的浸润中，修炼生命的气质。

这一切，都是根的成长，是为了有一天能够厚积而薄发，是为了有一天你能够为自己而骄傲！

好了，孩子们，你们的人生，我们只陪一程，不忍离别，但车已到站。你们展翅高飞，我们原路返回。祝未来的你，善良又努力；祝未来的你，就是你最喜欢的自己！

蜜蜂式学习

上午，我和三（7）班的孩子们一起学习重叠问题。关于这节内容，学生在三年级上学期已经学习了集合，所以并不陌生，我只是进行了相关的拓展。

如：武师附小三年级举行唱歌和舞蹈比赛。每班参加唱歌比赛的有3人，参加舞蹈比赛的有5人。用下面哪种图可以较好的表示出唱歌比赛学生和舞蹈比赛学生之间的关系。

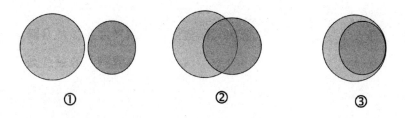

①　　　　　　　②　　　　　　　③

学生在刚开始，几乎毫无例外的只选择一种答案，大部分学生选1，少数学生选2，两位学生选3。我接着问，每班参加比赛的可能有几人？这个时候学生马上意识到会有重复现象，开始热烈地讨论，最后得出：5、6、7、8，均有可能。从数据中，学生很好地理解了相对应的集合图。

　　我曾经看过武昌实验小学张基广校长的一篇文章，他认为学习有境界之分。第一重境界是"蜘蛛式学习"。蜘蛛坐而结网，坐以待食。传统灌输式教学产生"蜘蛛式"被动学习；第二重境界是"蚂蚁式学习，蚂蚁终日搬运和储存食物。当学生成为知识的"搬运工"，必为知识所累；第三重境界是"蜜蜂式学习"。蜜蜂广采百花，酿粉为蜜。采花只是过程，酿蜜才是目的。真正的学习是酿花成蜜，转知为智，转识为慧。

　　重叠问题不只是局限于如何用韦恩图来表示重复现象，还要通过生活中的具体情境，让学生选择合适的集合图，这样它的学习才能更富有现实意义，而且也更加开放。

　　给学生打开视野、链接生活、开启智慧的素材，才是进行蜜蜂式学习的前提。

与名家对话的核心意义是什么

今天，我们请来了河南日报信阳站的站长胡巨成现场为老师们主讲《提升境界》。胡巨成是一位集哲学、文学、书法为一体的大家。他的报告，对提高教师审美水平，提升人生境界，加强道德修养，有着重要的作用。范熙铖同学代表全体学生，为胡先生送上了一幅自己的书法作品。

对此次讲座，老师中有不同的声音。有人认为，作为教师，研究教材，研究学生，才是本职。什么诗词歌赋，人生哲理，学了有什么用？

我想起了庄子的一句话："无用之用，方为大用。"我们只有明白，教育是慢的艺术，教育是师生共同享受生命成长的过程，我们才会走向

自然和宁静，走向高远和深邃，才能减少教育功利性，才能避免教育的焦虑和浮躁。

近年来，美国纽约州立大学的戴耘教授、英国的卡梅尔教授、中国台湾的张大光等名家先后到校与老师们对话。这些名家带给了我们诸多启示。例如，人工智能给教育的影响、学生为中心的意义、会讲故事的教师的魅力等等。

与名家对话是一个润物细无声的过程，它未必立刻见效，却在我们心中种下了一颗文化的种子，它未必会马上成长，但土壤里有它就够了。

我们愿意慢慢等。

我的拖把没有带来

早上到校，发现一位男孩愁眉苦脸地站在校门外面。我问他："你干嘛呢？怎么不进教室。"不问倒好，一问委屈就来了，他哭着说："今天大扫除，我的小拖把忘带了，我爸爸说送过来，还没有送来。"我劝他："不要紧，我跟你老师说声，下次记得带就可以了，你进教室吧。"他执拗着不肯。

怎么办？孩子在校门口站着，不安全啊。我再劝："这样吧，我跟门卫爷爷说声，等会儿你爸爸来了，让他送进教室好不好？你是哪个班的？""一（3）班的，那你们一定要让我爸爸进来啊。"他告诉了我班级后，放心地向教室走去，原来他是担心爸爸送拖把来，门卫不让进。

这件事引起了我的反思。每周都有学生忘带东西的情况发生。我们完全可以在学校设一个公益服务区，添置一些红领巾、校服、劳动工具、学习用品等，学生可以随时租用，用完后还给学校即可。当然，为了避免学生把忘带东西变得习以为常，要求他们要用自己的阅读风采币来租借这些物品，这样他们就会特别注意了。

公益服务区，既可以给家长减少很多麻烦，也避免了有些孩子因为东西没带来而跑出去，带来的安全隐患。

以人为本的理念，应是从这些小事中体现出来的。

涂鸦园

学校博宇楼一楼大厅外墙有两面墙壁，我们把它确定为涂鸦园，顾名思义，是让孩子们在上面自由涂鸦的地方。

看到孩子们的画，我真心佩服他们的想象力和设计感。每每经过那儿，总觉得是在欣赏一件了不起的艺术品。

不过我觉得也有改进的地方。应该让涂鸦的学生，在墙上写上自己的名字，并加上创意说明。

把孩子们的名字亮出来，把孩子们的创造性思维晒出来，是对他们最好的认同。

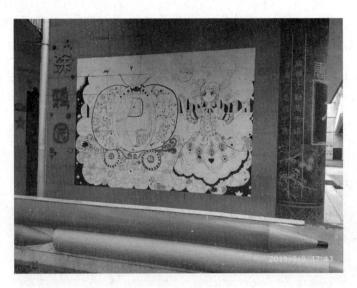

魔术效应

博宇楼三、四年级同学去洗手间，要从我的办公室经过。一些同学在拐弯处，总忘了放慢脚步，而是飞奔过去，好几次把同学撞倒。政教室三番五次地提醒，都没有奏效。上周一下午第一节课下课后，我在办公室里静静观察了一会儿后，把几位同学请了进来。

他们有些手足无措。我笑着说："我发现你们六位同学走路的时候，特别文明，没有乱跑乱撞。所以，今天涂老师要奖励你们，我们一起来玩个魔术，好不好？"

耶！顿时一片欢呼声！

我与他们面对面，把一枚硬币变出了四枚硬币，哈哈，小家伙们全都看呆了，眼睛里有大大的问号。

于是，我又来教他们如何变这个魔术。走出我的办公室时，他们的小脸蛋都激动得红红的。

这个星期，几乎没有再看到学生被冲撞的现象。是不是校长奖励他们玩魔术的消息长了翅膀飞出去了?!

我没有去问。但我知道，让学生养成好习惯，正面引导胜过一千次说教。

送给毕业生的大礼

"紧逼！防守！""快！投篮！"阵阵欢呼声飘荡在武师附小的篮球场上，经历了一场又一场的激烈对抗，这天下午迎来了武师附小"第三届篮球联赛"收官之战。

这是技术的比拼，实力的较量，团结的见证，也是孩子们的至爱。

这次联赛有什么特别意义？它是我们送给六年级学生的最后一份礼物，用汗水和拼搏融入对母校的依恋。为了提高参与率，每个班选派男子、女子两支代表队，共20支代表队，每天下午最后一节课进行循环赛，历时近两个月。

给学生留下最珍贵记忆的，不是合影，而是合作。

原声演奏 PK 录音演奏

　　今年艺术节的开场节目是器乐合奏《金蛇狂舞》，第一次联排，效果很不好，因为增加了鼓和锣，声音刺耳，而且学生演奏得不整齐，有杂音。眼看着就要正式演出了，演出还要进行网络直播，怎么办？有老师建议找 MV 制作公司，做好音乐，到时候学生即使没有演奏好，也听不出来。

　　但我没有答应。陶行知先生说，千教万教教人求真，千学万学学做真人。演出的目的是为了什么？展示学生的艺术才华，呈现学生的生命状态，让学生获得实实在在的发展，才是王道。

　　没想到演出那天，效果出乎意外的好。估计，老师和学生背水一战，在课后花了不少时间排练。

　　生活不就是这样的吗？没有退路，就会找到最好的出路。

好教育是体验出来的

"六一"这天，上午为孩子们过节日，下午我和同事们相约一起到梅川七星湖研学基地，也来过过儿童节。射箭、枪战、攀岩、地震体验，我们玩得兴致勃勃，天晚了还舍不得离开。

梅川中心学校张梦校长说，他们的学生到这儿来，三天研学结束后，很多孩子不想离开，哭了。

我在想，如果哪所学校能办得孩子们放学后都不想离开，那真是世界上最好的学校了。

是不是因为这儿很轻松？听基地负责人介绍，这里的教官要求很严格，每天的拓展训练安排得满满的，到了晚上，孩子们都累得不到九点就睡着了。

那研学基地是靠什么吸引了孩子们？我觉得，应该是体验。在这儿，他们的好奇心和求知欲得到了充分的激发，尽情释放天性，尽情展现自我，而不是被动地接受和应付。

让学生亲身体验，才能乐在其中！

幸福的家庭，都是奋斗的模样

大冷天的，放了寒假的老师们，谁不想躲在被窝里，享受睡到自然醒的自由和温暖？

可是，有一位老师，刚忙完了学校的活，腊月二十八一大早，就在校门外写起了春联。

他就是附小郭绳武副校长，全国书法比赛二等奖获得者。他的爱人在旁边乐呵呵地打下手，儿子围在书桌旁，似懂非懂地欣赏着。

早上到校的我，悄悄从他身边走过去，给我家爱人打了个电话，请他到超市去买一双手套，送给郭校长。希望郭校长的手，和他的心一样暖。

凭自己的才干，用端庄雄健的书法，为老百姓送去最温馨最有艺术感的祝福，是一件光荣的事情。更重要的是，郭校长夫妻俩用行动，在他们孩子的内心植入了勤奋、坚毅、向上的种子。

别人家的好孩子，就是这样培养出来的。父母奋斗的样子胜过一万次说教！

请人来"找茬"

2019 年 4 月，荆楚教育名家光谷论坛在武汉光谷举行，会议期间，夏风老师带着与会代表们一起在一所名校里找"茬"。所到之处，皆有精准点评，细致到厕所垃圾桶的样式、消防栓柜子里的提示语，以及会议室墙上画挂的高度等等。这种一改传统的"你好我好大家好"的称赞，而采取诊断分析的做法，如同一股清流，给了校长们内心一次强烈的撞击。这种高标准，折射出来的是育人的高度和文化的深度。

随后，我就在学校组建了一个找"茬"团，带着办公室、政教室的领导和教师代表，把学校上上下下、里里外外查个底朝天。结果如何？惭愧得很，问题多得可以用箩筐装。当然，肯定还有我们未发现的。

怎么办？列出问题清单，分个轻重缓急，请相关部门一点点去完善。

这件事让我警醒起来，学校里面的漏洞，往往会成为管理中的绊脚石。为何会这样？熟悉的地方，太麻木。因此，我们不仅要自己找，还要请人来找。我们家校联盟团每月都有家长来学校参加各种活动，今后，我们要增加一项，就是请他们为学校找"茬"。

找问题的过程，就是追求完美的历程。从另外一个方面说，请人来找"茬"，也可以体现出教育者的办学自信。

老高，不讲特殊情况

今天是周六，此刻已是下午六点多，我坐在办公室里，用键盘敲打出我的教育故事。教学副校长高中咏的办公室里也亮着灯，他坐在电脑前备课。高校长头发有些花白，再加上为人特别厚道，老师们亲切地称他老高。上周，我看到了高校长写的一篇教育故事，几行字，很简洁。

"根据安排，下周二教研活动轮到了高校长讲课。"教研活动结束后，组长蔡国民习惯性地提醒。翟主任说："最近老高太忙了，要不就往后推一推吧。"因为教科院组织的各科讲课比赛、课例展示活动都集中在这段时间，白天忙着听课，晚上研课例，都被翟主任看见了。

听了翟主任的话，我很是感激，但是我看到了蔡国民组长面露难色，立马说："没事，我已经准备好了！"

周六整整一天，我坐在办公室备课、做课件。周二教研，听评完我的"小数加减法"后，没等教研组长蔡国民提醒，老师们都忙着问："我是什么时间讲课？"

其实，每个人都很忙，也都能够找出不讲的理由。如果连我都不能够按安排来执行的话，教研组长今后怎么布置安排任务呢？

往往是个别人的特殊情况，影响了制度的执行。

　　想想这些年来，我们附小教师专业能够有如此大的提升，能够获得30节部级优课，97节省级优课，成为湖北省获奖最多的学校，老高功不可没！作为教学副校长，他坚信喊破嗓子不如做出样子。写完了这份故事，我也开始备课，准备下周给三年级的孩子们上课。

　　外面大雨瓢泼，但我的心，特别宁静。

宁愿踩坏，不愿摆看

下课的时候，我往楼下一看，发现又有两位孩子欢跳着从博宇楼一楼的棋盘石草坪上踩过去。

记得前段时间，分管总务工作的领导找到我："涂校长，孩子们喜欢在这个地方玩，绿草踩得东倒西歪，太难看了。我们把草坪换成一种人工草皮吧，这个东西是塑料的，耐磨。"

当然，从经济实用的角度来看，人工草皮未尝不可，还可以一劳永逸。但是，它的弊端在哪儿呢？校园里的绿化，不仅仅是美化作用，更重要的是净化空气，利于身心健康，天然的草坪肯定更好。其次，如果我们怕孩子踩坏了，就换其他的东西来替代，那么孩子到了社会怎么办？学校就应该尽量设计成社会的样子，让教育真实的发生，而不是把问题捂住。

我想，我们应该在草坪上竖起一块牌子：青青的我，需要你轻轻地呵护。

我相信，随意踩踏的情况一定会越来越少。

做个招人待见的阿姨

腊月二十七的下午，我到门卫房倒茶，看到范立坤老师的儿子范明哲也在，孩子5岁，平常有点腼腆，见到我总是躲。

今天得空，我想逗一逗他："听说你特别喜欢思考问题，你帮我想想，这桌子上的三颗糖，分给我们大家，每人一颗，够不够？"小家伙大眼睛立刻扫视房内一周，不到三秒，就摆了摆头，小声说道："不够分，还有两人没有呢。"房间正好有五人，真是一个机灵的孩子。

桌子上，还有四个橘子，新问题又来了："你能够把这四个橘子，立起来吗？要立成一条线。"我自己操作了几遍，都失败了。

"我来试试。"他摆弄起来。

"我看你也不行，总是倒。"我故意泼冷水。

222

"我再试试。"他特别投入，屏息静气……

最终，在他和他爸爸的共同努力下，四个橘子立起来了！

他开心笑起来的样子真可爱！

然后，他开始依偎在我身边，给我讲了他们家很多有趣的故事。

跟小家伙愉快挥手说再见的时候，我想起了网上的小段子，一名小学生写的《我的愿望》：马上过年了，请做个招人待见的叔叔阿姨，别逮个小朋友，就问考了多少分？在班里第几名？我们问你工资多少了吗？几套房了吗？换车了吗？要二胎了吗？文明你我他，幸福中国年。

哈哈，新年里，你是招人待见的叔叔阿姨吗？要知道，同频道的交流，才是孩子们愿意打开心扉的前提。

我们要把冰融化了，再起来

2019 年 1 月 7 日，湖北省资助工作推进会在武穴召开，我们附小明德分校是一个参观点。下午，我早早到了分校，在门卫室里等与会代表的到来。保安陈师傅正在和一名紧靠在取暖器旁边的 6 岁左右的男孩说着话。

"以后不要这样玩水了。"

"等夏天，我带你打水仗，好不好？"……

原来，下课时，小家伙跑到操场水洼处，用脚踩水玩，鞋子和裤脚全湿了！陈师傅把他带到门卫房，并通知家长送衣服来。

小男孩的脸蛋被取暖器烤得红通通的，看到我，有些不好意思，低下头，不停地用手指扯着衣角。我哑然失笑，真是个调皮又可爱的孩子！

陈师傅接着说，"这还好些，前段时间，下了雪，天气特别寒冷，地面结了冰。没想到，有两个孩子躺在操场上一动也不动。我走过去问他们，你们干吗呢？快起来！"

"你猜小孩怎么说？我们要把冰融化了，再起来！"

哈哈！敢情，这小家伙，是把自己当成太阳了。

多么天真的孩子，多么丰富的想象啊，如果此时给他们一声棒喝，

224

以后孩子们还会有这样的童真童趣和无拘无束吗？我好奇地问陈师傅："那你最后是怎么劝他们起来的？"

陈师傅说："我跟他们说，冰化成水，会沾湿衣服，让我们感冒的。不如，我们去打点热水来，泼在冰面上，看冰是怎么融化的。"

两个小家伙一听，一骨碌地爬起来，乐呵呵地和陈爷爷一起，做了一个冰变成水的现场实验。

听陈师傅这么一讲，我对他肃然起敬起来。我们常常说，教育需要三位一体，需要全员育人。一位保安师傅为了呵护孩子的好奇心和求知欲，有如此言行，不就是我们身边最好的榜样吗？

因此，我们决定，从今以后，不仅要在教师中评选先进德育工作者，还要在职工中评选最佳育人奖。努力让所有的教职工都成为孩子们的示范者和引领者，让真善美流淌在校园的每一个角落。

后记　成为更好的自己

看着自己的又一本新书即将出版，心里面有泉水叮咚响的欢喜。

虽然大多数文章，只是教育生活中的偶然一得，朴实无华，但又何妨？此中有真意，欲辨已忘言。

所有的写作，在落笔那一刻，心中即有读者的样子。这个读者，是我最想感激的人，是我最想倾诉的人，是我最想同行的人。

在看此文的你，即是！

电影《一代宗师》里宫二小姐说过："习武之人有三个阶段：见自己，见天地，见众生。"其实何止习武之人要经历这三重境界，我们每一个教育人都是如此。

"见天地"是对"见自己"最大限度地全面修正和提高，然后再面对众生，才能做到虚怀若谷，大象无形。

感谢我的导师、朋友及团队成员们，他们让我明白了创新中有天地，共融中有众生，使我有信心让理念"生根"，让生长"有力"，让教育"回家"。

所以，不要问我为何要执着到底，我只是想和你一起成为更好的自己。

涂玉霞

2020.1.1